Wunschgedanken
David Woller

David Woller

Wunschgedanken

1. Ausgabe
©2020 David Woller
Autor: David Woller
Lektorat: Johanna Furch
Umschlaggestaltung: Florin Sayer-Gabor
www.100covers4you.com
Herstellung und Verlag:
BoD – Books on Demand, Norderstedt
ISBN: 9783752674255

Die Deutsche Nationalbibliothek verzeichnet diese Publi-
kation in der Deutschen Nationalbibliografie; detaillierte
bibliografische Daten sind im Internet über:
http://dnb.dnb.de abrufbar.

Inhaltsverzeichnis

Vorwort

Ich wünsche niemandem, was ich durchleben musste. Dieses Buch ist entstanden, um meine Gefühle und Erlebnisse als Jugendlicher zu beschreiben. Die Geschichte deutet Situationen, aus der Zeit, als ich gemobbt wurde, an. In der Zeit von der 6. bis zur 10. Klasse wurde ich von meinen Klassenkameraden niedergemacht und schikaniert. Ich war allein, selbst meine Freunde haben mich im Stich gelassen.

An dieser Stelle möchte ich mich zuallererst bedanken. Vor allem bei Salomé. Sie hat gemerkt, wie es mir ging und mir geholfen, ohne dass ich sie darum gebeten habe und obwohl sie dadurch selbst teilweise zum Opfer wurde. Sie war wie ein Engel für mich. Ich will mich auch bei Fabia bedanken, die mir sehr geholfen hat. Diese zwei Personen haben mich so angenommen, wie ich bin. Sie sind wie Geschenke für mich, weswegen ich sie auch nochmal explizit erwähnen wollte. Ich weiß nicht, was passiert wäre, wenn sie mir nicht geholfen hätten.

Ein weiterer Dank geht an Sebastian, einen Deutsch- und Biologielehrer. Er hat mich ermutigt, dieses Buch zu verwirklichen, als niemand sonst daran geglaubt hatte.

Danke! Die anderen Lehrer meinten nur, dass ich es nicht schaffen könne. Sie hatten sich nicht mal die Mühe gemacht, über das Skript zu schauen oder mit mir zu reden.

Ich weiß, dass es ganz vielen Kindern und Jugendlichen genauso geht, wie es mir damals gegangen ist. Dass sie ausgeschlossen und gemobbt werden. Deshalb hoffe ich, dass ich durch das Buch helfen und zeigen kann, dass ihr nicht allein seid, dass ihr euch gegenseitig stärken und unterstützen könnt.

Das, was passiert ist, soll nicht in Vergessenheit geraten, denn so hätte der ganze Schmerz und das Leid keinen Sinn gehabt. Deshalb habe ich dieses Buch geschrieben. Außerdem will ich zeigen, wie weit es gehen kann, wenn sich sogar die eigenen Freunde gegen einen stellen und meine Erfahrung teilen, dass du trotz allem so bleiben kannst, wie du bist.

Denn alles was passiert, hat einen Sinn, auch wenn du ihn nicht auf den ersten Blick siehst.

Außerdem möchte ich mit diesem Buch Gutes tun, deswegen sollen mehr als 10% der Einnahmen an Hilfsorganisationen gegen Mobbing gespendet werden. Sobald die Produktionskosten mit den Einnahmen gedeckt sind, erhöhe ich den Prozentsatz auf 25%.

Kapitel 1

Ein kleines rotes Männchen rennt über eine ruhige Landschaft auf einem flimmernden Bildschirm. Plötzlich taucht aus heiterem Himmel eine Schildkröte auf, die zur provokant fröhlichen Musik tanzt. Der kleine Mann übersieht sie und rennt sie um.

Alles wird schwarz. Es taucht ein fetter weißer Schriftzug und ein viel zu oft gehörter Jingle auf mit den Worten: „Game Over".

Das ist genau das, was in meinem Leben passiert. Ich weiß nur noch nicht, wer von den beiden ich bin. Der rote Mann oder die Schildkröte. Sie steht einfach nur da und erschwert das Leben des Männchens, bringt es zur Verzweiflung. Vielleicht bin ich die Schildkröte, die einfach nur dasteht und wartet, bis ein kleiner roter Mann einfach dagegen rennt. Das einzig Positive daran ist, dass dann keine nervige Musik kommt, wenn ich mal wieder alles versaut habe.

Meine beste Freundin Penelope hat das ganze Spiel über neben mir gesessen und geweint. Ich habe sie gar nicht wahrgenommen. Vielleicht wollte ich sie auch gar nicht wahrnehmen. Deshalb habe ich angefangen zu spielen. Ich hatte einfach keine Lust, mir ihre Trauergeschichte anzuhören, hatte generell keine Lust zu reden. Aber, da ich verloren habe und sie zusätzlich auch noch meine beste Freundin ist, muss ich etwas machen. Gut, wenn ich ehrlich sein soll, ist sie auch meine einzige Freundin, aber das hilft mir leider gerade wenig.

Sie redet ja eh immer nur über Jungs, die sie nicht bekommen würde und dass ihre Eltern so gemein und doof seien. Was mich eigentlich gar nicht interessiert. Doch leider ist es wie immer. Ich muss ihr wieder zuhören, sie beklagt sich und ich sage: „Du hast recht, du tust mir so leid" oder „Das kann man gar nicht anders sehen." Vier Stunden lang geht das so und ich kann nichts dagegen machen.

Dann merke ich, dass dieser Tag nicht so ist wie sonst, denn sie jammert: "Ich will nicht mehr Leben. Es wäre einfacher sich umzubringen. Dann muss ich mir keine Sorgen mehr machen". "Spinnst du Penelope?", fragte ich verärgert. "Wenn du weg bist, bin ich ganz allein. Es gibt ganz sicher einen Jungen der dich Liebt, so wie du bist. Nur weil es noch nicht klappt, ist das noch kein Grund alles zu beenden."

Wenn ich ehrlich bin, glaube ich nicht, dass sie überhaupt den Mut dafür zusammenbekommen würde. Trotzdem muss ich sie davon abhalten, dass sie so etwas macht.

Die Sommerferien neigen sich dem Ende zu und ihre Verfassung wird immer schlechter. Ich bin so froh, dass bald die Schule wieder anfängt. Dann habe ich endlich meine Ruhe und bin als ihr bester Freund mal wieder für die spaßigen Sachen zuständig. Denn dieses Beileid und der ganze Mitgefühl-Mist geht mir langsam echt auf die Nerven.

Trotzdem finde ich es schade, dass wir auf unterschiedliche Schulen gehen und wir uns so gut wie nie sehen werden. Ich werde für die Oberstufe auf eine neue Schule kommen. Es ist eine der besten im Umkreis von Langen. Das Tollste an der ganzen Sache ist aber, dass ich nur fünfzehn Minuten mit meinem Fahrrad brauche, um hin zu kommen. Ich lebe nämlich mit meinen Eltern und meinem Bruder in Egelsbach.

Mein Bruder studiert momentan in Frankfurt, weshalb ich ihn nur noch selten sehe. Freunde habe ich auch keine, deshalb habe ich auch nichts Besseres zu tun, als mir die Geschichten von Penelope anzuhören und das rote Männchen über die Landschaft zu manövrieren.

In den Sommerferien habe ich leider nicht viel gemacht. Alle aus meiner ehemaligen Klasse waren entweder arbeiten oder sind mit ihren Familien in den Urlaub gefahren, nur ich nicht. Ich habe mich nur jeden Tag mit Penelope getroffen und geredet.

Also das heißt, sie hat geredet und ich habe zugehört.

Aber eigentlich bin ich zufrieden mit meinen Ferien. Es hat keine bösen Überraschungen gegeben und ich hatte generell nicht viel zu tun. Sonst mache ich aber eigentlich auch nicht viel. Ab und zu spiele ich Tennis. Ich bin der Beste der Mannschaft. Oder ich treibe einen anderen Sport. Man könnte in der Tat sagen, dass ich ein kleiner Nerd ohne Freunde bin, der gelegentlich Sport macht. Dieser Ausdruck gefällt mir: „Nerd". Ich frage mich echt, wieso mich meine Eltern nicht Le-nerd genannt haben. Das würde besser passen als David.

Ich freue mich schon darauf, wenn meine Schule die neuen Klassen endlich im Internet bekannt gibt. Ich hoffe nur, dass meine Mitschüler nicht sehr weit von mir weg wohnen werden. Dann könnte man sich vielleicht mal treffen.

Es hat noch zwei Tage gedauert, bis alles online gegangen ist. Ich kenne ein paar meiner Mitschüler. Andere wohnen in meiner Nachbarschaft, habe ich aber trotzdem noch nie gesehen.

Wir haben eine Woche vor Schulbeginn und ich überlege mir ernsthaft, zu meinen zukünftigen Klassenkameraden zu gehen, um sie näher kennenzulernen. Aber ich glaube, das kommt ziemlich komisch, wenn ein komplett fremder Junge vor der Haustür steht und fragt, ob man etwas unternehmen könne. Andererseits hätte ich es nötig, wenigstens mit ein paar Leuten schon vor Schulbeginn befreundet zu sein. Weil mit denen, die ich schon kenne, habe ich kein gutes Verhältnis. Ich schaue auf die Uhr. 14 Uhr. Mir ist einfach nur langweilig. Ich könnte mich zwar auf die Schule nächste Woche vorbereiten, aber dafür fehlt mir definitiv die Motivation. Warum also nicht etwas Hirnrissiges und Dämliches machen?

An sich bin ich schon ein bisschen hobbylos, wenn ich einfach so an irgendeiner Tür klingle. Aber wie man so schön sagt: In der Not frisst der Teufel Fliegen gegen die Langeweile. Ich suche mir also eine zufällige Adresse aus und gehe los.

Ist das wirklich mein Ernst? Habe ich echt nichts Besseres zu tun? Ist das nicht irgendwie traurig? Ich komme gar nicht dazu, viel darüber nachzudenken und stehe schon vor der Tür.

Ich glaube, jetzt ist es endgültig zu spät umzukehren oder nicht? Ich klingle. Natürlich nicht völlig planlos. Ich habe vorher noch über den Jungen recherchiert, um ein geeignetes Thema für eine Konversation zu finden oder um einen geeigneten Vorwand zu finden, um sich treffen zu müssen. Er spielt kein Tennis, trotzdem interessiert er sich anscheinend sehr für Sport. Krimi-Serien schaut er auch sehr gerne. Vielleicht sollte ich doch lieber gehen, es macht sowieso niemand auf. Doch dann passierte es.

Bin ich im falschen Film? Ich habe doch bei einem Jungen geklingelt? Oder ist Linus ein Mädchenname? Was sollte ich sagen? Rede endlich!

Das Mädchen fragt mich freundlich: „Kann ich dir irgendwie helfen?" Aber was soll ich darauf antworten? Ich weiß es gerade selbst nicht. Also entscheide ich mich einfach dazu, nichts zu sagen und renne weg, in der Hoffnung sie nie mehr wieder sehen zu müssen. Wobei eigentlich will ich sie wiedersehen, denn sie ist hübsch. Sehr hübsch. Eigentlich wunderschön, wenn ich so darüber nachdenke. Ihr langes Haar, das im Sommerwind weht, ein bezauberndes Lächeln und die kleine Nase im Gesicht. Sie schreit mir zwar noch irgendwas hinterher, aber ich bin so irritiert, dass ich nur noch weg will.

Ich versuche wirklich, nicht mehr an sie zu denken, aber bei einem Tennisturnier am Wochenende taucht sie plötzlich einfach auf.

Mist! Wo kommt die denn auf einmal her? Meine Konzentration ist wie weggeblasen. Andauernd muss ich zu ihr rüber schauen. Am besten stelle ich mich verletzt und gehe schnell auf die Toilette. Sie kennt mich sowieso nicht mehr und hat mich bestimmt noch nicht gesehen. Oder etwa doch? Egal,

Augen zu und durch. Das Ticken der Uhr in der Umkleide macht mich ganz nervös. Ich weiß nicht was ich machen soll. Der Sekundenzeiger springt von Sekunde zu Sekunde mit einem lauten Ticken. Als er mich Provozieren. Zu meinem Glück verschwindet sie nach einer Weile.

Der Turnierleiter steht vor mir, als ich nach der Pause aus der Umkleide komme. Was habe ich getan? Ich gehe in meinen Gedanken durch, ob ich gegen irgendeine Regel verstoßen habe. Aber zu meinem Verwundern drückt er mir nur einen Umschlag in die Hand. Den hat ein Mädchen in meinem Alter für mich abgegeben. Ich probiere, mich auf das Spiel zu konzentrieren, aber die einzige Frage, die sich mir gerade stellt, ist, woher sie – wenn es sie gewesen ist – weiß, wer ich bin und vor allem, wo ich bin und wann ich wo bin.

Ich muss den Brief öffnen! Oder am besten mache ich es nicht. Ich habe einfach zu große Angst, es könnte etwas darin sein, was mir nicht gefällt. Schlussendlich entscheide ich mich zu Hause aber doch dafür. Was sich schnell feststellen lässt: Die Antworten auf meine Fragen sind einfacher als gedacht. Sie muss meine Anmeldung für das Turnier gefunden haben, welche mir wohl vor ihrer Haustür aus meiner Hosentasche gefallen ist. Eine andere Erklärung fällt mich nicht ein. Das erklärt auch, wieso sie mir hinterhergerufen hat. Trotzdem bin ich verwirrt. Der Umschlag ist komplett weiß. Kein Name, keine Adresse oder Telefonnummer.

Bevor ich ihn öffne, rufe ich lieber nochmal die Turnierleitung an. Frage ihn, ob er den Namen des Mädchens kennt, das ihm den Brief zugesteckt hat. Aber er schreit mich nur an: „Was fällt dir eigentlich ein, mich mitten in der Nacht anzurufen?" Es ist erst 23 Uhr. „Ich möchte nichts damit zu tun haben und erst recht nicht, wenn du die Person nicht einmal kennst. Es gibt Leute auf diesem Planeten, die Wichtigeres zu tun haben, als den Absender eines Briefes herauszufinden!" Aber ich will es herausfinden, will wissen, wer dieses mysteriöse Mädchen ist. Aber erst morgen. Anscheinend habe ich den Brief dann müde in irgendeine Schublade gesteckt. Oder wurde er geklaut? Hat ihn vielleicht meine Mutter genommen? Ich habe am Morgen mehr als drei Stunden gesucht, bis ich ihn endlich wiedergefunden habe. Ich bin doch echt bescheuert. Nach einigem Zögern öffne ich ihn endlich.

Hallo David,
mein Name ist Nina. Ich weiß nicht, wieso du an meiner Tür geklingelt hast. Ich weiß auch nicht, wieso du plötzlich weggerannt bist. Sehe ich vielleicht so hässlich aus, dass du

einen Schreck bekommen hast? Wie auch immer, ich würde mir wünschen, dass wir uns mal unterhalten können, doch falls du den Brief bekommst, haben wir uns wahrscheinlich gerade verpasst. Oder ich habe dich gesehen und mich nicht getraut, dich an zu sprechen. Egal was es von beidem ist, du musst wissen, dass ich es dir nicht übelnehme, dass du weggelaufen bist. Ich würde nur gerne erfahren, wer du bist und was du vor meiner Tür gemacht hast. Falls du mich auch Mal treffen willst, weißt du ja, wo ich wohne. Aber nur wenn du willst. Ich tanze oft bei Festen und mache Cheerleading. Falls du mal vorbeikommen willst. Ich habe meinen ersten Auftritt am kommenden Samstag um 18 Uhr.
LG Nina

Ich bin sprachlos. Ich sinke auf den Boden und denke nach. Viel mehr habe ich an diesem Tag nicht mehr gemacht. Ich bin nicht einmal mehr an mein Handy gegangen, als Penelope angerufen hat. Ich bin nur auf dem kalten Boden meines Zimmers gesessen und habe die ganze Zeit an die Wand gestarrt, wo noch alte „String Arts" von meinem Bruder hängen, die er mir mal zu Weihnachten gemacht hat.

Sollte ich wirklich zu der Veranstaltung gehen und mich lächerlich machen? Oder sollte ich es lieber lassen und darauf hoffen, dass ich sie nie wiedersehen werde? Wobei das beim letzten Mal auch nicht wirklich funktioniert hat. Mich würde echt mal interessieren, wer diese Nina ist. So selbstbewusst, um so einen Brief zu schreiben, aber doch so schüchtern, um ihn nicht persönlich abgeben zu können. Ich habe auch irgendwie das Gefühl, dass sie mich gar nicht sehen wollte. Sonst hätte sie mir eine Nummer gegeben. Aber noch nicht einmal ein Nutzername oder ein Konto auf einem sozialen Netzwerk hat sie reingeschrieben.

Ich werde zu der Aufführung gehen, aber natürlich so, dass mich niemand erkennt. Deswegen ziehe ich am Samstag den Anzug meines Bruders an und gehe los. Der Weg zur Festhalle ist eigentlich nicht lang, aber er kommt mir vor wie eine Ewigkeit. Ich fühle mich, als laufe ich in Zeitlupe, noch langsamer als die Schildkröte aus meinem Spiel. Rechts und links von mir laufen Leute vorbei, doch keiner rennt mich um. Alle haben das eine Ziel. Ich kenne zum Glück niemanden von ihnen. Also komme ich auch nicht in die zwanghafte Lage zu erklären, was ich denn hier mache. Trotzdem überlege ich, umzudrehen. Aber ich gehe weiter, muss mich endlich mal meinen Dämonen stellen und kann nicht immer vor jeder noch so peinlichen Situation weglaufen, auch wenn ich das gerne machen würde. Was ich wirklich sehr gerne machen würde. Aber jetzt, wo ich schon fast da bin, wäre es bescheuert, wieder zurück zu laufen. Nicht schon wieder.

Die Halle ist bis zum Rand gefüllt. Es ist wie immer: Draußen unterhalten sich ein paar Erwachsene mit einem Bier in der Hand, die Frauen warten ungeduldig an der Tür, die Kinder wollen eigentlich gar nicht hier sein. Alles normal. Nur das Gefühl hier zu sein, ist ein völlig anderes. Ganz allein ohne Begleitung. Ich hätte auch Penelope mitnehmen können, doch Nina sollte nicht denken, dass ich eine Freundin habe. Wenn ich Penelope erzählen würde, dass ich ohne sie zu dieser Veranstaltung gegangen bin, wäre sie enttäuscht. Also am besten einfach schweigen.

Die Aufführungen dauern insgesamt drei Stunden lang, aber die Zeit geht trotzdem sehr schnell vorbei. Die Unterhaltung ist auch echt gut. Ein Moderator, welcher das Publikum immer wieder anstacheln und Witze über einige Personen macht. Einige Tanzgruppen sind, wie zu erwarten war, auch da. Das Beste sind aber die Komiker und Redner, welche sehr interessante und lustige Reden schwingen. Da hat sich der Eintrittspreis von fünf Euro mal gelohnt.

Nina hätte ich auf der Bühne fast nicht erkannt. Ich habe sie immerhin auch erst zwei Mal kurz gesehen. Sie ist sehr geschminkt und das sieht alles andere als natürlich aus. Aber bei so Auftritten ist das wohl so. Ich muss sagen, ungeschminkt gefällt sie mir wesentlich besser. Was rede ich denn hier? Wenn ich das so sage, kommt es irgendwie so rüber, als fände ich sie heiß oder so …

Kann ein Junge nicht zu einem Mädchen sagen, dass sie schön ist, ohne dass es direkt komisch rüberkommt? Egal, ich weiß nicht, ob mich diese Nina überhaupt gesehen hat.

Ich warte nach der Vorstellung noch ein bisschen, fünf Minuten, dann will ich gehen. Aber plötzlich taucht sie auf. Sie winkt direkt in meine Richtung. Ich schaue mich um. Bestimmt gibt es eine Person hinter mir, die sie begrüßen wollte. Das denke ich nur so lange, bis ich bemerke, dass ich an der Wand sitze. Wie kann es sein, dass sie mich schon wiedererkannt hat? Entweder sie ist einfach nur genial oder ich bin zu doof, um mich richtig zu verkleiden. Es gibt für mich nur noch eine Möglichkeit. Lauf! Oder nicht? Ich stehe auf und als weiß sie, was ich vorhabe, geht sie schneller auf mich zu. Ich schaue mich verzweifelt um. Kein Entkommen, oder etwa doch? Ich zwänge mich langsam zwischen den Stühlen durch in Richtung Ausgang. Nina rennt förmlich auf mich zu. Das wiederum nehme ich zum Anlass, auch zu rennen.

Ich erreiche die Nacht und laufe tiefer in die Dunkelheit. Sie dagegen bleibt am Ausgang stehen und schreit mir hinterher: „Was ist eigentlich dein Problem mit mir? Willst du mich nerven? Dann bleib eben weg, du Arsch!" Sie folgt mir nicht weiter. Ihr Bühnenkostüm ist zu kalt für draußen. Das kommt mir gerade recht. Ich renne so schnell, so schnell bin ich in meinem ganzen Leben noch nicht gerannt. Nach jeder Ecke schaue ich mich um, ob mir nicht irgendjemand oder irgendetwas folgt, aber dort ist nichts. Denke ich zumindest. Als ich kurz vor meiner Haustür ankomme, sitzt Penelope schon weinend davor.

Kapitel 2

„Wie bist du denn angezogen?" Weil ich nicht gleich antworte, fragt Penelope weiter: „Warst du auf einer Feier? In dem Anzug? War heute irgendwas Besonderes, von dem du mir nichts erzählt hast?" Ein Auto biegt in unsere meist unbefahrene Straße ab. Jetzt? Um die Zeit? Ob das Nina ... nein, ich werde schon paranoid. Trotzdem. Dafür habe ich jetzt echt keinen Nerv mehr. Ich schließe hastig die Tür auf und ziehe Penelope hinein. Diese ist immer noch verheult und voller Tränen und weiß gar nicht, wie ihr geschieht. Sie wehrt sich aber nicht. Wir sitzen mal wieder in meinem Zimmer und Penelope ist still. Sehr still. So still habe ich sie noch nie erlebt. Hat sie vielleicht endlich begriffen, dass sie nicht die Einzige ist, die Probleme hat? Das ist nur Wunschdenken, denn sie fängt direkt wieder an zu weinen und mich von irgendeinem Jungen voll zu labern. Sie schluchzt: „Er hatte ein Lederarmband und Muskeln. Wir wollten uns küssen." Klingt doch eigentlich ganz gut, denke ich, aber sie redet weiter. „Aber dann hat er mich nur ausgelacht und gesagt, dass ich zu hässlich für ihn wäre. Das vor allen anderen. Wieso sind Jungs so beschissen?"

Ich überlege, ob ich Penelope küssen wollen würde. Andererseits wäre das mein erster Kuss und den will ich nicht zu voreilig loswerden. Egal, wie oft ich über Penelopes Probleme nachdachte, ich komme immer auf den Punkt, dass sie sich manchmal wie ein Flittchen verhält. Das kann ich ihr natürlich nicht sagen, das würde sie im wahrsten Sinne des Wortes umbringen. Trotzdem geht es mir nicht in meinen Kopf hinein, wie sie es schafft, innerhalb von sechs Wochen mehr als vier Freunde zu haben und sie dann wieder zu verlieren. Das Traurigste an der Sache ist: Ich hatte noch nicht einmal eine Freundin und sie schlägt schon fast alle Rekorde in Sachen Geschwindigkeit. Eines muss man ihr aber zugutehalten: Sie ist meines Wissens mit noch keinem Jungen im Bett gelandet.

Eigentlich will ich um 23 Uhr schlafen gehen, aber daraus wird nichts, denn Penelope ist immer noch bei mir und redet wie ein Wasserfall. Auf einmal hört sie auf. Hat sie mir eine Frage gestellt? Habe ich nicht aufgepasst? Ich will schon etwas antworten wie „Du hast absolut recht" oder „Das sehe ich genauso" aber sie wiederholte ihre Frage zum Glück, bevor ich mit einer meiner Durchschnittsantworten völlig falsch reagiere.

„Was war mit dir vorhin los, als du gekommen bist? Habe ich irgendwas Falsches gesagt?" Was soll ich darauf antworten? Die Antwort darauf ist eigentlich sehr einfach. Aber das kann ich ihr nicht einfach so sagen. ich kann auch nicht behaupten, dass ich bei einem Freund war, denn ich habe ja keine Freunde. Ich entscheide mich dazu, ihr etwas über eine Wissenschaftsmesse zu erzählen.

Das macht sie zwar allein schon wegen der Uhrzeit misstrauisch, aber sie belässt es dabei. Vielleicht auch mit dem Wissen, dass ich ein Geheimnis habe. Auf einmal will sie sehr schnell heim. Klar freut mich das, jetzt kann ich endlich ins Bett gehen. Aber eigentlich will ich sie gar nicht anlügen und es tut mir doch ein bisschen leid. Immerhin erzählt sie mir alles von sich.

In dieser Nacht schlafe ich nicht gut. In erster Linie, weil mir diese Nina leidtut, weil ich sie schon wieder stehen gelassen habe. Hoffentlich weiß sie nicht, wo ich wohne. Außerdem beunruhigt mich, dass ich Penelope über etwas angelogen habe, was eigentlich gar nicht so schlimm ist. Ich bin nur allein zu einer Aufführung gegangen und bin vor einem fremden Mädchen weggelaufen. Aber genau das ist mir peinlich. Ich weiß selbst nicht, wieso ich überhaupt weggelaufen bin.

Am nächsten Morgen wache ich komplett kaputt und entkräftet auf. Ich will am liebsten einfach im Bett liegen bleiben. Trotzdem schlurfe ich in die Küche. Auf dem Frühstückstisch liegt ein gelbes Notizblatt, das mir meine Mutter anscheinend hinterlassen hat.

„Guten Morgen David,
Papa und ich sind im Wald wandern. Wir kommen gegen Abend zurück. Falls du Hunger hast, kannst du dir gerne eine Pizza bestellen. Außerdem lag ein Brief für dich im Briefkasten. Ich habe ihn dir auf deinen Schreibtisch gelegt. 😊"

Das war's. Diese Nina weiß, wo ich wohne, wie ich heiße und wo ich Tennis spiele. Ich muss umziehen oder mich einfach verstecken. Zumindest so lange, bis sie mich und alles was mit mir zu tun hat vergessen hat. Doch ich glaube, dass man es nicht vergessen kann, wenn ein Junge zwei Mal vor einem wegläuft. Aber vielleicht ist der Brief gar nicht von Nina, sondern von jemandem anderen. Das hoffe ich zumindest. Denn falls er von Nina ist, weiß ich nicht, was ich machen soll.
Den Brief auf meinem Schreibtisch sehe ich schon von weitem. Er thront hoch oben auf einem Berg

von Schulsachen, den ich vor den Sommerferien hinterlassen und seitdem nicht angerührt habe. Ihr Brief vom Tennisturnier liegt direkt daneben. Ich hoffe nur, dass meine Mutter ihn nicht gelesen hat. Wenn sie davon wüsste, wäre es bestimmt noch viel peinlicher. Aber ich glaube nicht, dass es meine Mutter interessieren würde. Ich drehe den neuen Umschlag nach links und nach rechts, aber nirgends ist der Absender zu erkennen. Nicht einmal meine Anschrift steht darauf. Nur ein Wort: David. Der Brief ist nur weiß, ohne eine Briefmarke oder anderen Kram. Aber als ich die Schrift sehe, in welcher mein Name auf das Papier geschrieben steht, hört mein Herz kurz auf zu schlagen. Mein Blut gefriert in den Adern und ich zittere. Es ist tatsächlich ein weiterer Brief von Nina. Gut, das ist mir vorher schon bewusst gewesen, denn ich bekomme sonst nie Briefe. Trotzdem habe ich gehofft, dass sie mich verschonen würde, es zumindest nicht noch einmal versuchen würde. Aber anscheinend habe ich mich geirrt.

Hallo David,
Du erinnerst dich bestimmt an gestern Abend, als du wieder von mir weggerannt bist und mich einfach hast stehen lassen, oder? Inmitten von angetrunken Zuschauern

draußen in der Kälte. Ich finde es langsam echt traurig, dass du es nicht schaffst, mit mir zu reden. Falls es nicht wegen mir ist, kannst du gerne mal auf mich zu kommen. Du musst nicht denken, dass ich irgendwas für dich empfinde. Ich kenne dich doch gar nicht. Außerdem hast du eine Freundin und mir würde es im Leben nicht einfallen, dass ich dich ihr ausspanne. Trotzdem, denk nicht, dass ich das so einfach vergesse, dass du mich hast stehen lassen. Ich hätte echt gerne eine gute Erklärung für dein Verhalten. Das hat mich sehr tief verletzt.

LG Nina

Schon wieder bin ich sprachlos. Mit welcher Offenheit sie diesen Brief geschrieben hat. Schon überraschend genug, dass sie mir nach meiner Aktion überhaupt nochmal geschrieben hat. Dass sie weiß, wo ich wohne. Aber noch interessanter ist, dass sie mich anscheinend mit Penelope gesehen haben muss. Oder sie hat einfach im Internet ein paar Bilder von uns beiden gesehen?

Dass muss der Grund sein. Aber ist da nicht ein Auto gewesen, als ich mit Penelope vor meiner Haustür gestanden habe? Egal, einfach alles ausblenden. In zwei Tagen beginnt die Schule und ich habe noch viel nachzuholen und zu besorgen. Zwar sind wir auf kompletten Computerunterricht umgestiegen, aber ohne Kugelschreiber oder einen Notizblock kommt man leider noch nicht aus.

Das Problem ist, dass die Lehrer zu faul sind, eigene Blätter für die Arbeiten und Klausuren bereitzustellen. Wir müssen immer selbst welche mitbringen. Ich bin am letzten Wochenende bevor die Schule wieder los geht so beschäftigt, dass ich den Brief und Nina ganz vergesse. Aber ich sollte sehr schnell wieder daran erinnert werden.

Gerade als ich an dem berühmten ersten Schultag meine Klasse betreten will, sehe ein fettes Schild an der Tür:

Alle Schüler der Oberstufe bitte in die Turn-halle.

Was soll das jetzt? Ich habe doch überhaupt keine Ahnung, wo ich hinlaufen soll. Einige nette Mitschüler aus dem Jahrgang über mir nehmen mich schließlich mit und zeigen mir den Weg. Sie sind zwar älter, trotzdem bin ich deutlich größer.

Die Turnhalle ist voll. Es sieht aus wie ein Stadion. Überall tummeln sich Schüler. Die Tribünen an beiden Hallenseiten sind überfüllt. Selbst die Plätze in der letzten Reihe sind belegt. Natürlich muss ich stehen. Ich laufe den hilfsbereiten Mitschülern einfach hinterher.

Nach einigen Minuten taucht der Schulleiter auf. Wie auf Kommando werden alle leise und er erklärt uns von einem Verwaltungsfehler. „Die Klassenlisten haben nicht gestimmt", ist wohl der Grund, warum wir alle in die Turnhalle müssen. Das erklärt wahrscheinlich auch, dass der Name von Linus bei der falschen Adresse stand. „Zudem habe ich viele Mails von Eltern bekommen, die sich über die Klasseneinteilung geärgert haben. Ausnahmsweise werden wir deshalb die Klassen mischen, aber das passiert nie wieder!" erklärt der Schulleiter weiter. Dem restlichen Vortrag sowie den Geschichten des Schulleiters habe ich keine Aufmerksamkeit geschenkt. Ich habe dann nur noch den letzten Satz mitbekommen: „Die neuen Klassenlisten hängen in den Räumen der Oberstufe aus." Diese sind natürlich direkt überfüllt, als die Ansprache in der Turnhalle vorbei ist.

Ich komme also in die 11B. Als ich das mitbekomme, will ich natürlich direkt schauen, wer meine Klassenkameraden sind. Ich lese die Liste in Ruhe durch und finde Linus darauf, der Linus, wegen dem ich überhaupt Nina getroffen hatte. Als ich weiterlese, will ich am liebsten nicht weitergelesen haben. Dort steht ein Name, der mir gar nicht mehr gefällt.

Dieser Name ist Nina. Er ist eigentlich genauso schön wie das Mädchen, welches ihn trägt. Trotzdem kann ich nur hoffen, dass es nicht die Nina ist. Aber schon als ich den endlos langen Flur zu meiner Klasse abbiege, kann ich nur noch daran denken: Was passiert, wenn es doch diese Nina, wirklich die Nina, ist? Es gibt eigentlich genug andere Ninas auf diesem Planeten, doch bei meinem Glück ist es die Nina.

So ist es dann auch. Als ich endlich an der Klasse ankomme, wünsche ich mir, ich hätte mich verlaufen oder ich wäre in einem Traum oder noch viel besser ich wäre einfach weiter auf dem endlos langen Flur entlanggelaufen. Aber es ist schon zu spät. Weil ich so mit dem Hereinkommen gezögert habe, schauen mich plötzlich alle an. Jetzt kann ich nicht mehr umdrehen und weggehen. Ich muss hineingehen. Das Schlimmste an der ganzen Geschichte ist, dass Nina schon in der Klasse sitzt und mich so komisch ansieht. Als wäre ich irgendein Außerirdischer oder so. Was will sie denn von mir? Soll ich einfach zu ihr gehen? Lieber nicht. Es wäre besser, wenn ich sie einfach ignoriere. Jedenfalls besser für mich. Mein größtes Problem ist nur, dass alle Tische schon besetzt sind, außer der direkt neben Nina.

Naja, immer noch besser, als wären es Gruppentische und ich müsste mit Nina gemeinsam an einem Tisch sitzen. Aber so wie es jetzt ist, ist es auch nicht gerade perfekt.

Ich sitze in der Mitte einer sehr lauten Klasse. Sie ist sogar so laut, dass ich gar nicht bemerke, dass unser Lehrer in die Klasse kommt. Ich merke es erst, als die Klasse so still wird, dass man eine Mücke hätte Summen hören können. Der Lehrer kontrolliert die Anwesenheit, um zu prüfen, ob sich nicht doch jemand verlaufen hat. Aber anscheinend sind alle da, denn er beginnt damit, alles zu wiederholen, was wir seit der fünften Klasse schon wissen. Welches Fach wie stark in die Note einfließt und so weiter.

Am Ende sagt er nur noch: „Merken Sie sich den Platz gut, denn dieser wir Sie das Schuljahr über begleiten." Ab da ist für mich klar: Es gibt kein Zurück. Ich muss irgendwie versuchen, mit Nina zu leben. Vor allem damit, dass sie neben mir sitzt.

Als der erste Schultag endlich zu Ende ist und wir alle aus der Klasse gehen dürfen, geht Nina an mir vorbei und sagt stumpf, dass ich meiner Freundin doch einen Gruß von ihr ausrichten solle. Ich bin sprachlos und bliebe verblüfft stehen. Ich stehe einfach nur da. Alle meiner Mitschüler quetschen sich an mir vorbei und versuchen, so schnell wie möglich aus der Schule hinaus zu laufen. Nur ich nicht, ich stehe einfach nur da und bin sprachlos. Was war das denn? Ich bewege mich erst wieder, weil mich plötzlich ein Junge anrempelt und mich ankeift: „Wieso stehst du denn mitten im Gang? Mach mal Platz du Pfeife!" Um nicht noch mehr Leuten im Weg zu stehen, gehe ich auch in Richtung des Ausgangs. Aber das, was Nina zu mir gesagt hat, hat mich so aus der Fassung geworfen Vielleicht war es einfach nur die Tatsache, dass sie mich überhaupt angesprochen hat.

Ich gehe nach dem ersten Schultag direkt nach Hause. Ich habe mir schon überlegt, ob ich nicht Linus fragen soll, ob wir etwas unternehmen wollen. Aber das habe ich dann lieber doch nicht gemacht, denn mir fällt ein, dass ich noch Tennistraining für die jüngeren Spieler geben muss. Zuhause ist irgendwas anders. Schon den ganzen Weg habe ich gemerkt, dass irgendwas anders sein muss. Aber was? Ist es mein Handy? Es hat zwar seit heute Morgen nicht mehr geklingelt, aber das ist eigentlich nicht ungewöhnlich für mich. Dann fällt es mir plötzlich ein: Penelope. Sie hat mich nicht angeschrieben, nicht angerufen und sitzt nicht verheult auf der Treppe vor meinem Haus. Nichts. Ich sollte sie anschreiben. Die Grüße von Nina habe ich dabei lieber nicht erwähnt. Dass ich heute noch nichts von

Penelope gehört habe, ist für mich in Ordnung. Jetzt muss ich wenigstens nicht Stunden für sinnlose Monologe von ihr verschwenden. Mich wunderte es schon, dass es mir überhaupt aufgefallen ist. Vermisse ich das? Vermisse ich diese sinnlosen Monologe? Nein! Das kann nicht sein. Andererseits habe ich, außer ein bisschen Training geben, nichts Besseres zu tun, als Hausaufgaben zu machen und für das Tennismatch am Samstag zu trainieren.

Die Woche geht schneller zu Ende als gedacht. Schon bald ist Freitag und ich hatte immer noch nichts von Penelope gehört. Ist das gut? Vielleicht hat sie ihr Leben endlich in den Griff bekommen. Oder hat sie es beendet? An diesem Freitag entscheide ich, dass ich meine Klasse zu dem Tennisspiel am nächsten Tag einlade. Da ich auch noch Geburtstag habe, will ich allen, die kommen eine Pizza und ein Getränk ausgeben. Die Klasse ist natürlich begeistert. Das ist bestimmt ein guter Zeitpunkt, um sie alle besser kennenzulernen. Das habe ich zumindest gedacht. Auf meinem Heimweg schaue ich noch bei Penelope vorbei, um ihr das mit meinem Geburtstag zu sagen. Sie hat sich zwar gefreut, dass ich sie einlade, aber wie ich mir schon gedacht habe, hat sie am selben Tag zur gleichen Zeit auch ein Spiel. Ich frage sie noch, ob wir denn zu mir gehen wollen, wie wir es sonst immer getan hatten, doch sie lehnt es ab, will später vorbeikommen. Sie hat noch etwas vor. Das verwundert mich schon ein wenig. Sie hat sich noch vor einer Woche nie so eine Gelegenheit entgehen lassen, mir ihre Probleme zu erzählen. Mit diesen Gedanken im Kopf gehe ich dann nach Hause und bereitete alles für den morgigen Tag vor. Ich sage meiner Mannschaft Bescheid, denn die sollten auch mitessen.

Gegen Abend kommt Penelope tatsächlich vorbei, aber es ist nicht wie sonst. Keine Träne. Nichts. Stattdessen fragt sie mich, wie denn bei mir die erste Schulwoche so war. Meint sie das ernst? Was ist mit ihr denn los? Hat sie irgendwas genommen? Beruhigungsmittel oder so? Als sie die Frage wiederholt, um sicherzustellen, dass ich es nicht überhört habe, muss ich antworten. Ich antworte ehrlich. Aber viel sage ich dazu nicht. Denn mehr zu sagen, außer, dass es unerwartet interessant war, gibt es eigentlich auch nicht. Also stellte ich die Frage zurück in der Hoffnung, sie würde in Tränen ausbrechen. Nicht, dass ich will, dass sie traurig ist. Aber so haben wir wenigstens etwas zu reden – also sie. Das fehlt mir wirklich. Aber es passiert nicht. Stattdessen erzählt sie, dass sie jetzt einen Freund hat, der auf meine Schule geht. Dass sie überglücklich sei und dass sie kaum mehr Zeit hat, weil sie ständig mit ihrem neuen Freund Paul unterwegs ist. Nicht unbedingt das, was ich hören will, aber immerhin erzählt sie etwas. Gerade, weil sie diesmal nicht in Tränen ausbricht, bekomme ich auch immer mehr Lust, ihr doch von meiner Woche zu erzählen. Wir reden noch lange. Sehr lange. So lange habe ich mich schon lange nicht mehr unterhalten. Ich weiß gar nicht, wie wir darauf kommen, über die Schule und unsere Kurse zu reden.

Aber es ist schön, nicht immer nur der Zuhörer zu sein, sondern auch der Erzähler.

Kapitel 3

Mein Geburtstag läuft zunächst wie geplant. Ich bin um sieben Uhr aufgestanden, um noch einen Kuchen zu backen – natürlich habe ich im Anschluss die Küche auch wieder sauber gemacht. Um kurz vor neun mache ich mich schließlich auf zur Tennisanlage, wo meine Gegner schon ungeduldig warten. Ich kann es bis heute nicht verstehen, wieso Leute immer so früh zu Terminen erscheinen. Andererseits verschläft immer einer aus der Mannschaft, weshalb wir auch heute eine Viertelstunde darauf warten, dass meine Mannschaft endlich komplett ist. Aber ich denke nicht länger darüber nach, will nur spielen und gewinnen.

Weil einer der Gegner schon früher gehen muss, wird uns ein Spiel geschenkt. Die restlichen finden aber wie gewohnt und gleichzeitig statt.

Ich merke den Stress durch meine Adern pulsieren. Eigentlich will ich für mein Einzel nicht ganz so lange brauchen, doch der Gegner ist so gut, hält jeden Schlag entgegen und es dauert bis Mittag, bis wir mit den Einzeln durch sind. Von meinen Geburtstagsgästen ist zum Glück noch niemand da.

Zum Glück? Wenn die mich spielen sehen würden, wären sie bestimmt beeindruckt. Aber das Wichtigste ist, dass sie nicht da sind und ich mich noch um niemanden kümmern muss, sondern auf meine Spiele konzentrieren kann. Selbst zwei Stunden später ist immer noch keiner aufgetaucht. Habe ich doch vergessen, die Einladung auszusprechen? Oder haben alle vielleicht etwas Besseres zu tun, als zu einem Tennisspiel von irgendeinem Fremden aus der Klasse zu gehen. Auch als die Pizza kommt, ist noch niemand da. Bin ich wirklich so verloren? Habe ich ernsthaft geglaubt, dass es jemanden interessiert, was ich mache? Ich tue vor meinen Mannschaftskameraden einfach so, als läuft alles wie geplant. Es wird sogar noch ein echt schöner Tag. Zuerst der Mannschaftssieg am Morgen, dann das anschließende Essen und Zuhause warten bereits meine Eltern auf mich, um einen neuen Laptop zu schenken. Es war der Beste, den man derzeit bekommen kann. Leistungsstark und gutaussehend.

Meine Großeltern sind auch zu Besuch und es gibt Kuchen. Sehr viel Kuchen. Doch, der Tag ist echt super. Das denke ich zumindest so lange, bis ich abends ins Bett gehe und nachdenke. Von meinen Tenniskollegen hat mir niemand gratuliert. Eigentlich finde ich das auch nicht wirklich nötig, aber es ist nun mal eine Höflichkeitsform und da muss man durch. Aber es hat mir niemand gratuliert, obwohl es haufenweise Pizza gegeben hat. Von mir gesponsert. Obwohl ich es einen Tag vorher in die Gruppe geschrieben habe. Oder habe ich das gar nicht? Doch ganz bestimmt. Außerdem ist immer noch die Frage offen, wieso aus meiner Klasse niemand zu meiner Feier gekommen ist. Also absolut gar keiner. Ich kann mir das echt nicht erklären. Was habe ich denn falsch gemacht? Was sollen eigentlich die Zweifel? Die aus der Klasse sind einfach nur gemein. Bisher hat sich noch niemand auch nur im Geringsten für mich interessiert, wieso habe ich also geglaubt, es könne heute anders sein? Ein kläglicher Versuch, Freunde zu finden. Aber will ich mich überhaupt mit diesen Leuten anfreunden?

Der einzige Ort in der Schule, wo es nicht ganz so schlimm ist, ist die Technik AG, wo wir uns um die Schul-Veranstaltungstechnik kümmern. Ich habe mich schon vor Schulbeginn dafür angemeldet. Ich war mir zwar nicht sicher, ob ich das schaffe mit dem Lernen, doch jetzt bin ich froh, dort zu sein. Aus meiner Klasse ist dort nur Dimitri, der „Russe", wie ihn alle nennen. Aber wirklich miteinander geredet haben wir auch dort noch nicht.

Seit Penelope ihren Freund hat, ist sie viel besser gelaunt und vor allem lässt sie mich auch mal zu Wort kommen. Ich weiß zwar nicht, was ihr Freund mit ihr gemacht hat, aber ich finde es gut. Wir reden den ganzen Sonntag – obwohl, eigentlich nicht ganz, denn ich habe bis 13 Uhr geschlafen, also bleibt nicht mehr so viel Zeit. Aber es ist trotzdem, oder gerade deswegen, schön. Sich auszuruhen und sich mit einer guten Freundin – oder besser gesagt mit seiner besten Freundin – zu unterhalten. Das Einzige, was ich ihr aber immer noch nicht erzählt habe, ist die Sache mit Nina. Wieso eigentlich? Da war doch nichts Schlimmes dabei. Apropos Nina. Sie ist gestern auch nicht beim Tennis aufgetaucht. Dieses Mädchen lässt doch normalerweise keine Gelegenheit aus, um mir hinterher zu laufen. Vielleicht hat sie nach dem letzten Treffen wirklich genug von mir. Wieso mache ich mir darüber überhaupt Gedanken?

In Gedanken an Nina versunken habe ich Penelope kaum zugehört. Aber ich fasse den Entschluss, ihr alles zu erzählen. Von meiner irren Idee, einfach an einer fremden Tür zu klingeln. Von dem wunderschönen Mädchen, das mir beim Tennis aufgelauert hat. Von den Briefen. Von ihrem Auftritt, bei dem ich sie zum zweiten Mal habe stehenlassen. Davon, dass ich jetzt auch noch neben ihr sitze und jeden verdammten Tag an den ganzen Mist, den ich in so kurzer Zeit gebaut habe, erinnert werde. Sie stellt nicht einmal komische Fragen oder macht abfällige

Bemerkungen, wie ich das normalerweise von Jungen gewohnt bin. Aber Penelope ist eben ein Mädchen. Sie sitzt nur da und hört zu. Kaum bin ich fertig, überlegt sie kurz. Was mir aber dann doch zu lange dauert. Deswegen unterbreche ich sie in ihrem Nachdenken und frage: „Was hältst du davon? Habe ich überreagiert?" Ich würde lügen, wenn ich behaupten würde, dass mich Penelopes Meinung nicht interessiert. Manchmal nervt sie, klar, vor allem dann, wenn sie ständig rumheult. Aber ihre Ratschläge – wenn sie mich denn zu Wort kommen lässt – sind oft gut.

„Ich kann das erst beurteilen, wenn ich die Briefe gelesen hab", sagt sie schließlich. Sie will den genauen Wortlaut lesen, nicht die knappe Zusammenfassung. Sie streckt die Hand aus und ich halte ihr die Briefe entgegen. Sie liest ganz ruhig. Nicht irgendwie überrascht. Sie muss zwar ab und zu lächeln, aber sonst kommt keine Reaktion. Sie braucht mir wieder zu lange, also frage ich erneut: „Was hältst du davon?"

„Ich finde es echt lustig, wie verpeilt du bist", sagt sie schließlich und grinst. „Wie hast du es eigentlich geschafft, an der falschen Tür zu klingeln? Wieso bist du weggelaufen und das zwei Mal? Das machst du doch sonst nicht. Kein Wunder, dass du noch keine Freundin hast." So geht das eine ganze Weile weiter. Penelope analysiert, wieso ich das genauso gemacht habe und nicht anders und findet sogar Erklärungen, die zwar falsch sind, sich aber definitiv besser anhören als die Wahrheit. Ihre ganze Analyse schließt sie mit einem Satz ab, der nochmal alles zusammenfasst: „Die Geschichte ist eigentlich echt witzig, zwar auch ein bisschen traurig aber mehr witzig. Das Wichtigste ist aber, dass du wissen musst, dass sie dich echt gerne hat, denn wenn ich Nina wäre und den Jungen nicht mögen würde, hätte ich ihm keinen Brief und schon gar keinen zweiten geschrieben." Das hat mich verblüfft. So ein Satz aus Penelopes Mund. Normalerweise findet sie immer Gründe, wieso mich die Mädchen nicht mögen und ich alleine bin. Sie versucht, mir zu erklären, wie ich mich verhalten oder anziehen soll, um endlich eine Freundin zu finden. Aber diesmal kommt gar kein solcher Ratschlag. Kann es das überhaupt geben? Wichtiger noch: Hat sie Recht? Mag mich Nina? Das ist aber eigentlich auch schon egal. Ich werde ganz bestimmt nicht zu ihr gehen, nach allem, was passiert ist. Das ist viel zu peinlich. Also bleibt es dabei. Ich lebe mein Leben ohne Nina. Nina lebt ihr Leben ohne mich. Zwar hätte ich schon gerne eine Freundin – also nicht so eine wie Penelope, die nur neben mir sitzt und Geschichten erzählt, sondern eine, mit der ich Mist bauen kann, ohne dass sie sauer wird, die immer für mich da ist, mit der ich mal ins Kino kann, ohne von ihr gefragt zu werden, ob der süße Junge da vorne single ist oder ob sie ihn ansprechen soll. Ich hätte gerne eine Freundin, die einfach nur mir gehört. Nur mir. Mir allein. Aber es spricht so viel dagegen. Vor allem, dass ich gar keine Zeit für so eine Art von Freundin habe. Ich denke, dass ich noch nicht die Richtige gefunden habe. Wenn ich das Penelope erzählen würde, würde sie mich bestimmt auslachen. Sie findet nämlich jede Woche einen anderen Richtigen. Ich habe seit einer gefühlten Ewigkeit nichts mehr gesagt und merke, dass Penelope schon ungeduldig wird. Also schließe ich das Thema mit einem „Kann sein" ab. Keine Ahnung, ob es daran liegt oder an der Uhrzeit, aber Penelope sagt nur noch kurz etwas zu den Briefen und geht dann nach Hause. Eigentlich hatte ich mir etwas mehr erhofft, wenn ich ihr die Briefe zeige. Ich weiß nicht, was ich erwartet habe, aber eine große Hilfe war sie mir diesmal nicht. Es hätte aber auch schlimmer kommen können. Sie hätte mich für meine Blödheit auslachen können, oder für das Weglaufen, aus Solidarität zu dem Mädchen, anbrüllen können. Jetzt weiß ich zwar immer noch nicht weiter, aber wenigsten habe ich kein Geheimnis mehr vor Penelope.

Am nächsten Tag in der Schule ist es ein bisschen komisch. Jedes Mal, wenn ich irgendetwas sage oder tue oder manchmal, auch wenn ich rein gar nichts sage oder tue, fangen meine Klassenkameraden an zu flüstern. Worüber reden die? Ich bekomme nichts mit. Gar nichts. Überhaupt nichts. Das finde ich schon ein bisschen seltsam. Oder bilde ich mir das Ganze nur ein? Werde ich schon paranoid? Bin ich nur verunsichert, weil am Samstag niemand bei dem Tennisspiel aufgetaucht ist? Ich weiß es nicht. Aber das ist bestimmt auch besser so. Nach Schulschluss eile ich als erstes aus der Klasse. Ich will einfach nur raus. Aber auch wenn ich jetzt rausgehe, spätestens morgen muss ich wieder hinein. Aber warum ist das plötzlich so dermaßen unangenehm?

Zuhause bin ich erstmal allein, wie momentan oft. Die Zeit verbringe ich entweder an meinem neuen Laptop oder tatsächlich damit, mich um Schulsachen zu kümmern. Am Nachmittag habe ich immer Training. Diesen Tagesrhythmus behalte ich bei. Die nächsten Tage verlaufen alle gleich. Ich gehe in die Schule, eile als erstes wieder raus, komme nach Hause, setze mich an den Laptop oder die Hausaufgaben und gehe zum Sport. So geht das vier volle Tage lang.

Erst am letzten Tag der Schulwoche passiert etwas Unvorhersehbares. Einer meiner Klassenkameraden spricht mich an. Einer, den ich vorher nicht einmal bemerkt habe, dass es sie gibt. Anscheinend ist er aber sehr beliebt, denn als er auf mich zukommt, laufen ihm drei andere hinterher. Wie heißt er nochmal? Was will er von mir? Ich habe gehofft, dass er gar nicht zu mir will, aber ich sehe mich um und merke – mal wieder – dass ich allein bin. Wollen die mich verprügeln? Ich habe mich seit Jahren nicht mehr geprügelt. Wie geht das nochmal?

Aber alle meine Befürchtungen verlaufen, als er anfängt zu reden: „Tut mir echt leid, dass ich nicht zu deinem Geburtstag kommen konnte, aber nächstes Mal bin ich gern dabei. Ich bin mir sicher, da würden viele von uns kommen." Wie zur Bestätigung dreht er sich zu seinen Verfolgern um, die heftig nicken.

Das überrascht mich jetzt. Sind die doch nicht so doof, wie ich gedacht habe? Ich könnte mal meine Eltern fragen. Sie wären bestimmt einverstanden mit einer Feier. Zu ihm aber sagte ich nur, dass ich mal schauen müsse.

Schon am nächsten Tag steht fest, dass es eine Feier in meinem Garten geben wird. Kaum habe ich das am Anfang der nächsten Woche in der Klasse verkündet, gibt es nur noch ein Gesprächsthema: Meine

Geburtstagsfeier. Zwar kommt es mir schon gar nicht mehr vor, als sei es mein Geburtstag, aber das macht nichts. Ungefragt kümmern sich manche Mitschüler um die Musikauswahl, andere um Essenswünsche, wieder andere um das Trinken. Ich habe ihnen gesagt, dass es keinen starken Alkohol geben sollte – ich bin immerhin erst 16 – aber anscheinend interessiert das die anderen überhaupt nicht.

Jeden Tag bekomme ich die Listen mit den Vorschlägen zum Essen und Trinken, auf denen mindestens fünf Dinge draufstehen, die ich nicht in Ordnung finde.

Das mit dem Verbot von starkem Alkohol haben sie nicht ernst genommen, denn auf der Liste stehen auch Dinge wie Stroh 80, Wodka und Berliner Luft. Bei den anderen Namen habe ich keine Ahnung, was das überhaupt ist. Es steht sogar eine Stadt darauf: „Malibu."

Ich will nicht als „Spielverderber" dastehen. Deshalb werde ich mich um alles kümmern, was auf den Listen steht. Braucht man das überhaupt für eine Party? Keine Ahnung. Ich bin noch nie auf einer gewesen. Außerdem werden es die anderen schon wissen. Keiner passt mehr im Unterricht auf. Niemand. Wirklich absolut gar keiner. Alle sind nur mit dem Planen für meinen Feier beschäftigt. Einige Lehrer ermahnen die gesamte Klasse sogar, weil sie nicht zuhören. Obwohl es *meine* Feier sein soll, fühle ich mich eher wie ein Dienstbote oder Sklave. Sie schließen mich aus allen Planungen aus, ich bekomme nur die Zettel mit den Dingen, die ich besorgen soll. Am Freitag habe ich genau deswegen viel Stress. Sehr viel Stress. So viel Stress hatte ich schon lange nicht mehr.

Alle haben Sonderwünsche – bestimmte Musik, besondere Getränke – da ist das Essen sogar relativ einfach dagegen. Nur Burger. Ich weiß nicht, wie ich meinen Eltern erklären soll, dass ich gerne viel Alkohol auf meiner Feier hätte. Das ist nämlich der dickste Punkt auf meinem Einkaufszettel.

Mit zwanzig Unterpunkten mit verschiedenen Sorten, wovon ich über die Hälfte noch nicht einmal kenne. Dann muss ich eben fragen. Ich will aber nicht fragen. Was werden wohl meine Eltern denken, wenn ich sie bitte, ob sie mir zwanzig Sorten Alkohol kaufen, den ich nicht einmal trinken darf. Von meinen Klassenkameraden ganz zu schweigen. Ich kann doch nicht einfach zu ihnen hingehen und sagen, dass sie mir mal eben fünf Liter Wodka kaufen sollen. Genauso wenig kann ich aber zu meinen Klassenkameraden sagen, dass es gar kein Alkohol geben wird und sie sich bitte mit Energie Drinks und Softdrinks zufriedengeben müssen.

Dann wäre ich schon nach zwei Wochen der, der von seinen Eltern nichts erlaubt bekommt und gleichzeitig sofort bei allen unten durch. Also doch zu meinen Eltern. Obwohl ich nicht einmal vorhabe, etwas Alkoholisches zu trinken. Trotzdem versuche ich, sie darauf hinzuweisen, dass es auf solchen Feiern eben immer ein bisschen Alkohol gibt und es echt doof wäre, wenn es bei mir keinen geben würde. Tatsächlich kaufen sie mir ohne weitere Nachfrage eine kleine Menge an Bier und Bembel, unter der Bedingung, dass wir es nicht übertreiben. Mama sagt sogar, ich würde schon wissen, wie man mit solchen Dingen umzugehen habe und dass sie mir in dieser Hinsicht vertraue.

Ich habe zwar keine Ahnung, was sie mit „solchen Dingen" meint, aber das ist mir gerade relativ egal, denn es hört sich nach einem Kompliment an. Ich nicke nur und verlade die Kisten dankbar in den Einkaufswagen, unsicher, was meine Klassenkameraden dazu sagen werden. Denn das ist nicht das, was sie wollen. Aber es ist immerhin besser als nichts.

18 Uhr, eigentlich sollten die ersten Klassenkameraden langsam eintreffen. Alles ist bereitgestellt – Becher für jeden, Snacks in bunten Schüsseln und die Musik läuft – aber es klingelt nicht. Kommt denn niemand? Habe ich mich am Datum geirrt?

Wollen sie mich wieder sitzen lassen? Ich verlaufe mich gerade in meinen Gedanken, ob sie mich nur verarscht haben, aber dann kommen sie endlich. Einer nach dem anderen. Sogar Nina und Nadja, mit der sie immer rumhängt. Ich ignoriere sie aber größtenteils, der Vorfall mit Nina ist mir immer noch unangenehm. Wenn ich mich schon nicht mit ihnen unterhalten muss, dann tue ich es auch nicht. Ich glaube, ich bin der Einzige, der wirklich nüchtern bleibt. Je später es wird, umso angetrunkener sind schon die ersten.

Das geht schließlich sogar so weit, dass ich ihnen verbieten muss, weiter zu trinken.

Ich habe keine Lust, dass einer von ihnen in meinen Garten kotzt und ich das Ganze wegmachen muss.

Es ist inzwischen 23 Uhr, einige sind schon heimgegangen, aber wir anderen sind los, um in einem Supermarkt Kekse zu kaufen. Das ist die Bedingung, damit sie weiter Trinken dürfen, da sie nichts anderes mehr essen wollen. Natürlich haben meine Klassenkameraden auf dem Weg getrunken, aber immerhin weniger als vorher und das ist schon ein Fortschritt.

Es dauert gut eine halbe Stunde bis zum Supermarkt – Betrunkene laufen nicht wirklich schnell – und die eine Hälfte der Gruppe hat keine Lust mehr, die andere ist hyperaktiv. Sie rennen schreiend in den

Laden und suchen verzweifelt nach Keksen. Seufzend eile ich ihnen hinterher, um aufzupassen, dass sie keine Dummheiten machen. Wieso blieben die nicht einfach ruhig? Ich will jetzt nicht im Supermarkt herumrennen und Verstecken spielen. Das muss ich aber, denn vor dem Keksregal merke ich, dass alle in komplett falschen Abteilungen stehen. Linus bei den Spielwaren, Paul bei der Wursttheke, Dimitri suchte die Kekse in den Gefriertruhen und Leon brüllt den Verkäufer bei den Zeitschriften an, wo sie denn bitte Kekse hätten.

Ich versuche, alle nach und nach wieder einzusammeln und zeige ihnen die richtige Abteilung. Jeder darf sich eine Sorte Kekse heraussuchen und wir gehen gemeinsam zur Kasse. Endlich habe ich es hinter mir, denke ich, aber ich merke gleich im nächsten Moment, dass ich mich täusche. Von weitem sehe ich schon das nächste Übel aufkommen. Vor dem Supermarkt stehen Nina, Nadja und alle anderen, die auf uns gewartet haben. Nein, das ist nicht das Unerwartete. Sondern, dass auch unser Mathematik Lehrer bei ihnen steht.

Eigentlich mag ich ihn gern und er ist immer für einen Spaß zu haben – aber das ist unglücklichste Zeitpunkt überhaupt. Das hält Linus allerdings nicht zurück zu ihm zu rennen und ihn zu fragen, ob wir denn nicht ein Foto mit ihm machen könnten. Herr

Thomson ist zum Glück sehr entspannt und stimmt bereitwillig zu. Ich hoffe inständig, dass er nicht merkt, dass die Hälfte von ihnen angetrunken ist. Aber spätestens, weil Linus fast zwei Minuten lang die Außenkamera aktiviert hat, obwohl er ein Selfie machen will, muss es ihm doch auffallen, oder? Diese Minuten sind mit Abstand die längsten Minuten meines Lebens. Noch länger als zwei Minuten Französischunterricht. Endlich bemerkt er seinen Fehler und macht das Foto. Gleich darauf versuche ich so schnell wie möglich, dass wir zurückgehen und will mich von Herrn Thomson verabschieden.

Das ist leider nicht so einfach, denn er hat anscheinend mitbekommen, dass ich Geburtstag habe – bei den ganzen Betrunkenen, die das in ihrem Zustand durch die Straßen posaunen, ist das kein Wunder – und gratuliert mir ausschweifend. Vielleicht sind auch das die längsten Minuten meines Lebens. Der Nachhauseweg ist leider noch anstrengender als der Hinweg. Denn auf der Hälfte der Strecke kommt Leon auf die Idee, dass wir bei einer Freundin von ihm vorbeischauen könnten.

Natürlich folgen ihm alle begeistert. Dass ich dringend auf die Toilette muss, kann ich langsam nicht mehr zurückhalten. Können die denn nicht schneller machen? Anstatt dass wir endlich weitergehen, überlegt sich Linus, man könne sich doch einfach auf die Straße legen.

Zum Glück kommt kein Auto, denn er will auch nicht mehr aufstehen. Als wäre es nicht schon genug, dass er und Michael die ganze Zeit torkelnd durch die Straßen laufen, nein. Ich habe schon nicht mehr daran geglaubt, aber irgendwann haben wir es geschafft, weiterzugehen. Aber der Abend ist noch lange nicht zu Ende.

Kapitel 4
-Nina-

Meine Eltern streiten sich schon wieder im Wohnzimmer. Seitdem sie sich getrennt haben, geht es die meiste Zeit so und alles nur wegen der bescheuerten Bürokratie. Weil noch Sommerferien sind, muss ich das den ganzen Tag mitanhören. Als ob das noch nicht reicht, haben uns die Lehrer so viele Sachen gegeben, die wir bis zum Schulanfang noch nachholen sollen, dass ich schon seit einer Woche dran bin, den ganzen Stoff der vergangenen Jahre zu wiederholen. Weil Mama und Papa aber so lautstark streiten, kann ich mich kaum konzentrieren. Ist es wirklich so schwer, sich ruhig und normal zu unterhalten? Sie hören nicht mal, dass es an der Tür klingelt. Ich überlege noch, es ihnen entgegenzurufen, aber ich habe es lieber gelassen. Am Ende rücke ich noch in ihren Fokus. Deshalb gehe ich schlussendlich selbst. Vielleicht ist es Nadja, sie wäre zwar früh dran, aber will sowieso noch zum Lernen vorbeikommen. Aber als ich die Tür öffne, steht da ein Junge. Der ist anscheinend genauso verwirrt wie ich. Weil er erstmal lange nichts sagt, habe ich Zeit, ihn anzuschauen. Seine braunen Haare, die kurze Jeans und das weiße Musik-Café T-Shirt. Dazu noch Schuhe, die aussehen, als hat er sie aus einem Teppich ausgeschnitten.

Er sieht alt aus. 18 oder so? Vor allem aber sieht er interessant aus. Ob positiv oder negativ muss ich mir noch überlegen. Weil er immer noch mit verdattertem Blick dasteht, frage ich ihn schließlich: „Kann ich dir helfen?" Aber er antwortet nicht. Er steht nur da, schaut mich an und sagt gar nichts. Nicht mal ein „äh" oder so. Er gibt absolut keinen Laut von sich. Plötzlich dreht er sich um und rennt weg. Er lässt mich einfach vor meiner Haustür stehen. Gerade will ich mich umdrehen, da bemerke ich einen Zettel auf dem Boden. Eine Anmeldung für ein Tennisturnier diese Woche in der Nähe. Von David. Das muss er also sein. Er hört mich nicht, als ich ihm hinterherrufe – oder er ignoriert mich – also stecke ich den Zettel ein. Sollte ich zu dem Turnier gehen?

Mich würde schon interessieren, was er vor meiner Haustür gewollt hat. Vor allem auch, wieso er plötzlich weggerannt ist. Habe ich ihn irgendwie verscheucht? Was auch immer es gewesen ist, ich will ihn wiedersehen. Aber ich kann doch nicht einfach zu dem Tennisturnier gehen, ohne überhaupt eine

Ahnung von Tennis zu haben und nach ihm fragen, oder? Es klingelt wieder und irgendwie hoffe ich, dass es dieser David ist. Dass er diesmal etwas rausbringt, mir sagt, warum er hier ist. Diesmal steht aber Nadja vor mir. Ich erzähle ihr nichts von dem Jungen, sondern wir lernen nur den restlichen Tag. Ich kann mich kaum konzentrieren und das merkt auch Nadja irgendwann. „Was ist los?", will sie wissen, aber ich weiß nicht, ob ich es ihr erzählen soll. Vor allem weiß ich nicht, *wie* ich ihr sagen soll. „Heute früh hat ein Junge an meiner Tür geklingelt und ich muss seit Stunden an ihn denken." Nein, das werde ich auf gar keinen Fall sagen! Ich grüble noch eine Weile nach den richtigen Worten, bis Nadja schließlich sagt: „Du brauchst es nicht zu erzählen." Sie schlägt ihr Buch zu und fügt hinzu: „Ich glaube aber, das bringt heute nichts mehr, wenn du ständig woran auch immer denkst."
Wir setzen uns auf mein Bett und tatsächlich fragt Nadja nicht mehr nach, wieso ich mich nicht konzentrieren kann und so abwesend bin. Sie legt sich einfach nur hin und lässt ihre Beine von meinem Bett baumeln. Auch ich lasse mich nach hinten auf das Bett fallen und starre mit ihr gegen die Decke. „Ich habe ein bisschen Angst vor dem ganzen Stoff", sage ich schließlich, als ich an den ersten Schultag denke. Aber Nadja sieht das völlig anders:

„Es ist bestimmt schön, endlich wieder alle zu treffen." Auch wenn Sommerferien das Beste am Schuljahr sind, hat Nadja recht. Viele unserer Freunde sind in den Urlaub gefahren oder irgendwie anders verplant und außerhalb der Schule haben wir kaum eine Chance, sie zu treffen. Wir liegen noch eine Weile da, starren an die Decke und reden, bis schließlich meine Mutter ihren Kopf zur Zimmertür rein streckt. „Schatz, du solltest wirklich mal lüften. Hier ist eine Hitze wie in einer Sauna." Nicht ungewöhnlich für den Sommer, aber sie hat recht. Ich schleppe mich zum Fenster und bemerke beim Öffnen, wie warm und schlecht die Luft in meinem Zimmer inzwischen ist.

Bevor sie gehen kann, fragen wir meine Mutter, ob Nadja heute hier übernachten kann. Klar, sie sagt ihren Eltern Bescheid – und schon ist sie wieder aus der Tür verschwunden.

Als so die kühle Nachtluft durch das Zimmer wirbelt, wir beide im Bett liegen und ins Dunkel starren, darauf warten, dass wir einschlafen, kann ich die Geschichte von heute Mittag nicht länger verdrängen. Ich erzähle Nadja von dem interessanten Jungen, der stumm vor meiner Tür gestanden hat und schließlich weggelaufen ist. Ich habe eigentlich damit gerechnet, dass sie nachfragt, ob ich verliebt bin. Ich weiß selbst nicht, warum mir der Gedanke durch den Kopf schießt, aber einen ganz kurzen Moment frage ich mich selbst, ob ich vielleicht … Nadja reißt mich aus der Überlegung, bevor ich sie zu Ende führen kann. „Wir gehen am Wochenende zu dem Turnier. Ich will den Typen sehen." Sie hat noch mehr Ideen: Auf meine Frage hin, was ich machen soll, wenn wir ihn bei diesem Turnier treffen, schlägt sie vor, diesem David einen Brief schreiben. Am besten ein bisschen provokant, damit er darauf eingehen muss und sich vielleicht rechtfertigen will. „Gib ihm eine Möglichkeit, dass er dich treffen kann", schlägt Nadja noch vor, aber will ich das überhaupt? Will ich ihn wirklich treffen? Was soll ich sagen, wenn er mich auf den Brief anspricht? Aber was mir am meisten Kopfzerbrechen bereitet: Wie gebe ich ihm den Brief? Ich kann nicht einfach bei dem Turnier aufkreuzen, ihm den Brief entgegenstrecken und dann – wie er – abhauen. Was, wenn er ihn gar nicht erst annimmt?

Nadja bemerkt mein Zögern sofort. Das nimmt sie als Anlass, den Text selbst aufzusetzen. In ihrer schönsten Schrift. Zum Schluss soll ich nur noch meinen Namen darunterschreiben, ohne dass ich überhaupt weiß, was Nadja geschrieben hat. Sie lässt mir nicht einmal Zeit, ihn zu lesen, faltet den Zettel und steckte ihn in einen Briefumschlag. Inzwischen ist es nach Mitternacht – wir haben uns ganz schön lange über einen Jungen unterhalten, von dem ich bisher nur weiß, wie er heißt und dass er Tennis spielt. Ich liege noch lange wach in meinem Bett, Nadja dagegen hat keine Probleme, einzuschlafen. Was wohl in diesem Brief drinsteht? Soll ich ihn mal öffnen? Aber nicht, dass Nadja dann sauer wird. Außerdem wacht sie bestimmt auf, wenn ich mit einer Taschenlampe in der Hand durch das Zimmer laufe. Nein, das kann ich nicht machen. Ich werde sie morgen einfach nach dem Inhalt fragen.

Mein Vater weckt uns am nächsten Morgen, weil er anfängt, in der Wohnung Radau zu machen. Ich ziehe mir die Decke über den Kopf und presse mein Kissen gegen die Ohren. Muss das sein? Dann fahre ich schlagartig hoch. Wir haben den Wecker verschlafen! Das Turnier hat schon längst angefangen und David ist wahrscheinlich schon mitten in seinem Spiel. So werde ich ihm den Brief nie geben können.

Trotzdem gehen Nadja und ich hin, in der Hoffnung, dass er gerade Pause hat und irgendwo herumsteht, wo ich ihn ansprechen kann. Tatsächlich geht er kurz nachdem wir ankommen in Richtung der Umkleiden. Nadja gibt mir mit einem Hieb in die Seite zu verstehen, dass es jetzt der richtige Zeitpunkt ist. Ich soll ihm nachlaufen und ihm den Brief geben.

Aber bis ich endlich genug Mut gesammelt habe, um ihm hinterherzulaufen, ist er schon in den Umkleiden verschwunden. Als sei die Situation nicht schon schlimm genug, merkt der Turnierdirektor auch noch, dass ich unschlüssig vor der Jungenumkleide stehe und tatsächlich überlege, reinzugehen. „Das ist die Jungenumkleide", klärt er mich auf, was ich schon weiß. Ich starre ihn an und bringe erstmal kein Wort heraus. „Was suchst du denn?" Ich möchte ihm natürlich nicht die ganze Geschichte erklären. Schon allein deshalb, weil es viel zu peinlich ist. Deshalb drücke ich ihm einfach nur den Brief in die Hand und bitte ihn, den einem Jungen namens David zu gehen. Der sportliche Mann nickt. „Nach dem Spiel." Er legte den Brief in seine Tasche, welche er bei sich trug, und deutet mir an, zurück zu der Tribüne zu gehen. Von dort könne ich David bestimmt noch eine Stunde zusehen, wie er auf die Bälle einschlägt, erzählt er mit einem Zwinkern.
Das dauert Nadja zum Glück zu lange. Alleine bleibe ich bestimmt nicht bei dem Turnier.
Zuhause fühle ich mich erleichtert. Sehr erleichtert. So erleichtert war ich in meinem ganzen Leben noch nicht. Vielleicht würde David den Brief ja gar nicht bekommen, der Turnierdirektor vergisst ihn und er ist einfach weg. Ja, so wird es passieren. Zumindest hoffe ich das irgendwie. Damit vergesse ich David

und diesen blöden Brief für die folgenden Tage. Ich habe auch gar keine Zeit, daran zu denken. Die Proben für meinen Auftritt am nächsten Samstag brauchen volle Konzentration. Dann ist er endlich da, der große Abend. Wir sind umgezogen in unseren Mannschaftsfarben, rot und weiß und geschminkt – ich vielleicht sogar ein bisschen zu viel, zumindest sagen meine Freundinnen, dass ich nicht mehr wie ich aussehe, aber trotzdem wunderschön bin. Jetzt keimt doch Aufregung auf.

Auch, weil ich mich frage, ob David vielleicht im Publikum sitzen wird. Nadja hat ihm in dem Brief von der Aufführung erzählt, hat sie gesagt. Wenn er ihn tatsächlich bekommen hat ... Wird er mich sehen? Wird er mich hübsch finden? Was für Fragen. Natürlich wird er nicht kommen. Er ist ein Feigling, der vor allem wegrennt. Hauptsächlich vor mir. Aber David sitzt tatsächlich im Publikum. Ich hätte ihn fast nicht erkannt. Ganz hinten in der letzten Reihe, mit Hut und irgendwie anders, komisch. Weil ich mich so sehr auf David konzentriere, vergesse ich doch tatsächlich einen Anschluss beim Tanzen.

Wie peinlich! Ich tue einfach so, als gehöre es zu unserem Auftritt, dass ich einfach von der Bühne gehe. Ich tanze quasi nach hinten, bis hinter die Bühne zu den Umkleiden. Was ist nur los mit mir?

Wieso bringt mich dieser Junge nur so durcheinander? Meine Trainerin reißt mich aus meinen Gedanken. „Was war los, Nina? Alles in Ordnung?", will sie wissen und stemmt die Arme in die Hüften. Obwohl sie sichtlich aufgebracht ist, wirkt ihr Blick freundlich und weich.

Ich habe keine vernünftige Erklärung. Die einzige Erklärung, die es gibt, ist mir peinlich. Sehr peinlich. Ich kann ihr doch nicht erzählen, dass das an einem Jungen liegt. Also versichere ich ihr einfach nur, dass es mir gut geht und sie lässt mich in Ruhe.

David ist da, was soll ich jetzt machen? Zu ihm hin gehen? Jetzt? Mich neben ihn auf den einzigen freien Platz setzen?

Die übrige Aufführung kriege ich hin, ohne meine Konzentration völlig zu verlieren und am Ende fasse ich allen Mut in mir zusammen und sehe nach, ob David noch da ist. Tatsächlich. Er ist noch da. Aber er nimmt seine Jacke vom Stuhl und steht auf – wenn ich mit ihm reden will, muss ich mich beeilen. Für meine Verhältnisse viel zu mutig und zielstrebig gehe ich auf ihn zu. Als er mich sieht, wirkt er plötzlich hektisch. Er rennt förmlich in Richtung des Ausgangs.

Ich renne ihm hinterher. Am Ausgang angekommen muss ich stehen bleiben, meine Kleidung ist für draußen definitiv zu kalt, ich hätte mich nach der

Aufführung zuerst umziehen sollen. Ich schreie ihm noch hinterher, aber er rennt einfach weiter. Nadja hat das Ganze mitangesehen. „Zieh dich um und komm mit!", fordert sie mich auf und ohne zu wissen, was sie vorhat, tue ich, was sie sagt.

Kaum umgezogen packt sie mich am Arm und schleift mich in die Kälte. Sie zieht mich in das Parkhaus und zu einem Auto, in welchem Nadjas Bruder sitzt und anscheinend auf uns wartet. Anstatt nach Hause, manövriert sie ihn zu einer ganz bestimmten Straße. Noch bevor ich feststelle, was ihr eigentlicher Plan ist, erkenne ich David vor einem Haus stehen, auf das wir direkt zufahren. Aber er ist nicht allein. „Das ist ein Mädchen, oder?", vermutet Nadja und bevor ich die zweite Person mit entweder richtig langen Haaren oder einem extrem dicken Hals erkennen kann, verschwinden sie durch die Tür.

Es war zu erwarten, dass David eine Freundin hat. Er ist jung, sportlich und gutaussehend. Natürlich hat er eine Freundin. Nadja bittet ihren Bruder anzuhalten. Ohne ein Wort zu sagen, bringt er das Auto zum Stehen. Ich merke an ihrer ruhig gewordenen Stimme, dass sie sehr traurig und enttäuscht ist. Was soll das denn werden? Sie kritzelt etwas auf einen Zettel und wirft ihn in den Briefkasten. Ich bekomme nicht mal die Gelegenheit, ihn zu lesen.

In meinem Kopf explodiert die Seifenblase an Gedanken und regnet auf mich herab.

Diese Geschichte, die ich mir zusammengesponnen
habe von einem Jungen, der zufällig an einer Tür
klingelt und sich direkt in das Mädchen, das vor ihm
steht, verliebt. Der seine Gefühle nicht zeigen kann
und deshalb wegrennt und am Ende wird das starke
Mädchen sein Herz erobern wie in einem dieser
schnulzigen Liebesfilme. Aber mein Leben ist eben
kein schnulziger Liebesfilm.

Kapitel 5

Keine Ahnung, wie sie das geschafft haben, aber plötzlich taucht eine Packung mit Klopfern und ein Liter Wodka auf. Den Wodka kann ich zum Glück noch sichern, aber die Klopfer sind schon zur Hälfte weg, bevor ich sie überhaupt bemerke. Ausgerechnet die, die schon lange hätten aufhören sollen zu trinken, schütten sie mit in den Nacken gelegten Köpfen weg. Damit werden sie immer betrunkener. Kann es eigentlich noch schlimmer kommen? Diese Frage beantwortet sich ziemlich schnell: Ja. Das merke ich, als das erste leere Fläschchen durch die Luft fliegt. Dann landet ein zweites auf dem Boden, ein drittes an einer Hauswand.

Nur Dimitri ist vernünftig – oder eher *vernünftiger* – und stellt die leer getrunkenen Flaschen nur auf parkenden Autos ab. Es ist nicht mehr weit bis zu mir, obwohl ich nicht mal sicher bin, ob ich mit den Trunkenbolden überhaupt nach Hause will. Gerade in dem Moment, als Linus die nächste Flasche werfen will, klingelt mein Handy. Mein Vater. Er hört nur das zerspringende Glas und befürchtet natürlich das Schlimmste. Wir sollen sofort nach Hause kommen, befiehlt er, und das ist mir eigentlich auch am liebsten, nur ist das mit den ganzen Betrunkenen nicht so leicht.

Irgendwann erreichen wir dann doch mein Haus – damit habe ich schon gar nicht mehr gerechnet – und umringen ein Lagerfeuer, das mein Vater für uns vorbereitet hat. Dort geht es dann nur noch darum, wie besoffen sie doch alle seien und dass sie sich doch eigentlich ganz gut geschlagen haben für das erste Mal. Die erzählen nur Mist. Die meisten von ihnen sind so voll, dass sie nicht mal mehr gerade laufen und wahrscheinlich auch nicht mehr richtig zählen können. Was habe ich für ein Glück, dass mir das Zeug überhaupt nicht schmeckt. Deshalb habe ich nicht allzu viel getrunken – vielleicht ein, zwei oder drei Radler. Weil sie eben so viel getrunken haben, fallen die Jungs schon gegen ein Uhr auf das Matratzenlager, das wir aufgebaut haben, dass sie bei mir übernachten können. Jetzt bin ich ganz alleine mit Nina und Nadja. So habe ich das nicht geplant. Was jetzt? Soll ich mir was zu trinken holen? Nein, unsere Getränke sind alle voll. Was dann? Auf Toilette gehen? Nein, da komme ich ja eben erst her. Einfach weg gehen ist auch keine Option, ich bin doch der Gastgeber. Plötzlich flüstert Nina irgendetwas mit Nadja und die Situation wird noch unangenehmer.

Ich verstehe leider nicht sehr viel, weil die Jungs drinnen immer noch so laut sind, dass ich sie bis draußen grölen höre. Wieso muss ich hier eigentlich alleine warten, bis die beiden abgeholt werden? Ganz ohne Vorwarnung steht Nadja auf einmal auf und lässt mich mit Nina allein. Ich hasse dieses ewige Schweigen! Sollte ich etwas sagen? Ich würde gerne, die Frage ist nur: Was? Ich weiß nicht, wie lange ich überlege, aber irgendwann kommt Nadja mit einem Becher in der Hand zurück und streckt ihn mir entgegen: „Probier mal. Nach einem Rezept einer Freundin." Ich rieche kurz daran und schaue skeptisch zu Nadja hoch. „Er soll einen etwas aufmuntern, wenn man etwas bedrückt ist", erklärt sie. Also probierte ich. Er schmeckt echt gut. Auf die Frage, was denn darin sei, bekomme ich nur ein betretenes Lächeln zurück. Also trinke ich, ohne mir weiter Gedanken darüber zu machen.

Schließlich fragt Nina mit nervöser Stimme: „Wollen wir nicht irgendetwas spielen? So etwas wie Wahl, Wahrheit oder Pflicht." Sie bemerkt meinen flüchtigen Blick zur Uhr und ergänzt: „Meine Mutter kommt erst in zwanzig Minuten." Wahl, Wahrheit oder Pflicht.

Ist das wirklich eine so gute Idee? Ich habe eigentlich nichts zu verbergen. Obwohl mir schon die ein oder andere Frage einfallen würde, die die Mädchen mir stellen könnten, auf die ich keine Antwort parat hätte. Trotzdem stimme ich zu. Ninas Mutter kommt erst nach fünfunddreißig Minuten. Erst als sie weg sind, fällt mir auf, dass sie mich gar nicht danach gefragt haben, wieso ich vor Nina weggelaufen bin.

Während ich den Dreck aufräume, der während der Feier entstanden ist, bekomme ich diesen Gedanken nicht aus dem Kopf. Was wollten sie damit bezwecken? Ist der Sinn des Spiels nicht, die tiefsten Geheimnisse des anderen zu erfahren? Warum haben sie dann eher oberflächliche Fragen gestellt?

Weil Michael, Leon und Dimitri einfach nicht still sein können, wache ich am nächsten Morgen schon um neun Uhr auf. Wir gehen gemeinsam Brötchen holen, kaum haben sie alle erfolgreich geweckt. Keiner redet auf dem Weg ein Wort. Sie sind alle viel zu müde, um zu reden. Es dauert bis Mittag, bis der letzte Besucher endlich weg ist.

In der Schule bilden sich inzwischen kleinere und größere Gruppen. Ich bin eigentlich nicht der Typ, der eine feste Gruppe haben möchte und sich damit von den restlichen Schülern abkapselt, sondern mache lieber etwas mit allen. Aber anscheinend wird es von mir verlangt, mich zu entscheiden. Weil ich mit Michael, Dimitri und Leon gut zurechtkomme und sie gleichzeitig auch noch ziemlich beliebt in der Klasse sind, schließe ich mich letztlich ihnen an. Zuerst läuft es echt super.

Wir unternehmen viel, gehen ins Kino, zum Eis essen und denken uns Streiche für die Lehrer aus. Wir treffen uns fast jeden Tag. Aber nach einer Weile wird es komisch, irgendwas passt nicht. Ich kann es nicht erklären oder in Worte fassen, aber irgendetwas an dem Ganzen stört mich. Das fällt mir zum ersten Mal so richtig auf, als wir auf der Wiese neben dem Banhof sitzen und uns unterhalten. Alles wie immer. Bin ich verrückt? Etwas ist doch anders als normal. Es dauert eine Weile, bis ich die Sechserpackung Bier in unserer Mitte bemerke.

Wieso haben wir Alkohol dabei? „Das ist von Elias", sagt Michael auf meine Frage hin. Keine weitere Begründung, kein Geburtstag, kein anderer Grund zu feiern. „Mit Alkohol ist doch alles viel lustiger", sagt er nur. Die Rechnung will in meinem Kopf nicht recht aufgehen. Alkohol führt zu Spaß? Naja, wenn die anderen das sagen … Also stelle ich keine weiteren Fragen und trinke einfach mit. Sie haben recht: Es ist wirklich lustig. Anfangs jedenfalls. Bis zu dem Moment, in dem die Polizei durch den Park gelaufen kommt und die Jungs fieberhaft jemanden suchen, der sich opfert.

Ich habe noch nicht mal verstanden, wo das Problem ist, da lassen die anderen einfach ihre Flaschen liegen und eilen davon. Schon im nächsten Moment steht die Polizei neben mir.

Das kann doch nicht wahr sein, das ist doch alles nur ein schlechter Traum. „Ist das Bier?", wollen die Polizisten wissen, obwohl sie es mit Sicherheit genau erkennen können. Sie machen einen Alkoholtest und weil ich zum Glück noch nicht viel getrunken habe, komme ich mit einer Ermahnung davon. Sie konfiszieren die Flaschen. „Wir wollen dich hier nie wieder mit Alkohol im Park sehen, klar? Sonst hat das Konsequenzen!"

Erst jetzt erfahre ich, dass Alkohol im Park verboten ist. Nicht nur wegen der Glasflaschen, sondern auch, weil es vor einem Jahr sehr heftige Schlägereien zwischen Betrunkenen gab. Deshalb beschließe ich, nicht mehr mitzukommen, wenn die Jungs hier trinken wollen.

Dieser Entschluss entpuppt sich als ein größeres Problem als gedacht. Sie gehen nämlich jedes Mal, wenn wir etwas unternehmen, nachher alle in den Park und trinken– bis auf mich. Es ist nicht nur die gemeinsame Zeit, die fehlt, sondern ich bekomme auch vieles nicht mehr mit und werde immer weiter an den Rand der Gruppe gedrängt. Stattdessen konzentriere ich mich wieder mehr auf Tennis. Das Aufstiegsspiel ist bald und ich trainiere jeden Tag, ab und zu auch mit Penelope, falls sie für mich Zeit hat. Einen Tag vor dem Aufstiegsspiel lade ich schließlich meine Gruppe ein, vorbeizukommen.

Ich gebe sogar einen aus, wenn wir gewinnen. Es steht schon vor dem Spiel fest, dass wir gewinnen. Die Gegner haben nicht genügend Spieler für diesen Tag und müssen dadurch welche aus der zweiten Mannschaft spielen lassen. Klar, dass das für uns den Aufstieg bedeutet. Aber niemand kommt, um ihn mit mir zu feiern.

Keiner meiner „Freunde", schon zum zweiten Mal lässt sich keiner von ihnen blicken – stattdessen aber Nadja. Sie war in der Gegend mit dem Fahrrad unterwegs und wollte mal vorbeischauen als sie davon erfuhr.

Ich schreibe den Anderen, ob sie es vergessen haben. Keine Antwort. Aber ich lasse mir davon nicht die Siegesfeier verderben. Wir feiern bis Mitternacht, so lange, dass unser Platzwart uns verscheuchen muss.

Am Sonntag klingelt Penelope mich aus dem Bett. Ich will eigentlich noch schlafen, aber seiner besten Freundin kann man schließlich nicht einfach sagen, dass sie bitte verschwinden soll, oder? Meine Augenringe bemerkt sie gar nicht. Kein „Hallo", kein „Guten Morgen", kein „Du siehst aber müde aus", nichts. Sie läuft einfach an mir vorbei mit Tränen in den Augen und einem blutenden Arm. Sie ritzt sich also wieder. Ich habe eigentlich gedacht, das Thema haben wir durch. Sie dreht sich nicht einmal um, steuert nur auf mein Zimmer zu. Was ist mit ihr los? So schlimm hat sie noch nie ausgesehen, komplett verzweifelt. Sie liegt einfach auf meinem Bett, mit dem Kopf tief in meiner Bettdecke versunken und murmelt vor sich hin, dass sie gerne sterben will und alles keinen Sinn mehr macht. Ich versuche, durch gutes Zureden und Bauchpinseleien irgendwie zu erfahren, was passiert ist und sie nebenbei auch noch ein bisschen zu beruhigen.

Das klappt sogar ziemlich gut. Nur liegt ihr blutender Arm trotzdem auf meiner Decke, bis ich sie endlich soweit beruhigt habe, um ihn verbinden zu können. Erst dann erzählt sie, was los ist. Das lässt sich eigentlich ziemlich knapp zusammenfassen: Ihr Freund hat sie anscheinend verlassen. Ohne Grund, sagt sie. Dass er wohl nichts von ihr wollen würde, obwohl sie schon seit drei Wochen zusammen sind. „Kann ich irgendwas tun?", will ich wissen, will ihr irgendwie helfen. Sie überlegt kurz und sagt allen Ernstes: „Bring mich um oder hilf mir wenigstens, mich umzubringen. Ich will mich noch einmal volllaufen lassen und dann von dieser Welt verschwinden."

Sie kann das nicht von mir fordern. Umbringen ist sowieso keine Option, von volllaufen lassen halte ich aber auch nicht wirklich viel. Soll ich ihr wirklich in dem Zustand Alkohol geben? Ich hätte noch etwas von meinem Geburtstag übrig. Ein bisschen schadet bestimmt nicht, oder? Also entscheide ich mich dazu, ihr den Alkohol zu geben. Penelope verträgt anscheinend nicht viel. Zwar geht es ihr beschwipst ein bisschen besser, aber jetzt hat sie statt ihrer Selbstmordgedanken ganz komische Wahnvorstellungen, will mich sogar küssen. Dass ich sie abgeblockt habe, enttäuscht sie so sehr, dass sie glaubt, es läge daran, dass sie hässlich sei. Dabei ist sie gar nicht hässlich. Ich überlege kurz, ob ich sie nicht einfach küssen sollte. Dann geht es ihr bestimmt besser. Das wäre dann mein erster Kuss. Mit einem angetrunkenen Mädchen. Das kann ich nicht zulassen. Auf keinen Fall. Ich muss irgendwie anders versuchen, sie aufzubauen und ihr klar zu machen, dass es nichts mit ihrem Aussehen zu tun hat, dass ich sie nicht küssen will.

Ich kann ja nicht ahnen, dass es das nur noch schlimmer macht. Irgendwann schaffe ich es dann endlich, ihr klar zu machen, dass ich sie geküsst hätte, wenn sie nicht betrunken gewesen wäre. Was eigentlich gar nicht stimmt, aber sie hat die Notlüge gerade bitter nötig. Dann plappert sie ungeniert weiter, stellt Fragen, auf die ich keine Antwort weiß – etwa ob sie jemals einen Freund haben wird, der zu ihr passt. Dabei ist die einzige Frage, die mir durch den Kopf geht, wann sie vorhat zu gehen. Die Antwort hätte mir zu diesem Zeitpunkt nicht gefallen: Es dauert bis 20 Uhr abends.

Weil ich direkt wieder ins Bett bin, kaum dass Penelope verschwunden ist, habe ich Michaels Party verschlafen. Ich wollte sowieso nicht hingehen, aber am nächsten Tag fragen mich meine Freunde direkt, wo ich gewesen bin. „Das war die Party des Jahres, alle waren da", erzählen sie, „sogar Elias." Das muss etwas heißen. Elias ist eher ein stillerer Typ. Er mag mich nicht besonders und lässt keine Gelegenheit aus mir das zu sagen oder zu zeigen. Ich habe ihm aber nichts getan. Seine Begründung ist einfach nur immer: „Du nervst!" Jetzt ist er nach Michaels Party auch noch Mitglied der Gruppe. Sie reden nur über gestern, über den tollen Abend und über ihre Pläne, am Wochenende ins Kino zu gehen. Sie vergessen dabei völlig zu fragen, ob ich mitkommen möchte. Ich habe auch gar keine Lust, aber es wäre trotzdem schön gewesen, wenn sie wenigstens gefragt hätten.

Auch mit Penelope läuft es irgendwie nicht mehr so richtig normal. Wir sehen uns zwar nicht oft – wir müssen beide viel lernen – aber sie schreibt mir täglich. Jeden Abend denselben Text mit einem Herz. Es kommt mir vor, als wolle sie mehr als nur eine gute Freundschaft. Immer wieder die Nachricht, dass sie gerne bei mir sein würde. Jeden Tag. Ich hätte sie nicht anlügen sollen. Macht sie sich jetzt etwa Hoffnungen? Nimmt sie mich einfach nur als Trostpflaster, jetzt wo ihr Freund – also Ex-Freund – sie abserviert hat?

Ich kann sie schlecht ignorieren, erwidere ihre Nachrichten und sehe einfach, was passiert. Aber passiert ist rein gar nichts. Es bleibt jeden Tag dasselbe. Nur ab und zu treffen wir uns zum Essen in einem Restaurant oder spielen Tennis, aber ansonsten passiert nichts – außer dieser Nachrichten. Sie zu fragen, was sie für mich empfindet, könnte ganz schön schief gehen. Wenn sie mich auf diese Weise mach, was soll ich ihr darauf denn antworten? Wo sich gleich im Anschluss die Frage stellt: Was empfinde ich? Liebe ist es schon mal nicht, das steht fest! Oder … wie fühlt sich Liebe eigentlich an? Diese Fragen stelle ich mir jeden einzelnen Tag und komme immer zu demselben Ergebnis: Keine Ahnung. Mit den ersten Klausuren kommt direkt der erste Stress.

Ich habe meine Gruppe darauf hingewiesen, dass ich in nächster Zeit lernen muss und nichts mit ihnen unternehmen kann. Das hat sie bestimmt überhaupt nicht interessiert. Sie machen ohnehin schon sehr viel ohne mich und ob ich mal mehr oder mal weniger dabei bin, ist auch egal. Meistens erfahre ich erst im Nachhinein davon, wenn sie etwas unternommen haben. Sie laden mich sowieso kaum noch ein. Wollen sie mich nicht dabeihaben? So ein Quatsch. Ich helfe ihnen so oft in der Schule und eigentlich sind wir doch befreundet. Daran kann es also nicht liegen. Das ist bestimmt nur ein Versehen. Dafür gibt es mit Sicherheit eine ganz logische Erklärung.

Kapitel 6

Es gibt keine Erklärung. Es geht einfach so weiter, gibt Ausreden über Ausreden. Jede Woche ist eine andere Feier und jede Woche werde ich nicht eingeladen. Das schlimmste aber kommt noch: Als wir unsere Englisch-Klausuren zurückbekommen, bin ich mit Abstand der beste aus der Gruppe. Eine Zwei plus Nein, das ist nicht das Problem. Die beste Note meiner Freunde ist Elias mit einer Drei minus. Obwohl ich nicht mal Klassenbester bin, bekomme ich direkt den Stempel „Streber" aufgedrückt. Wieso Streber? So viel habe ich doch überhaupt nicht gelernt, also schon, aber ich war auch sehr viel auf dem Tennisplatz.

Das Wissen die anderen natürlich nicht und als ich es ihnen sage, glauben sie mir kein Wort. Ich will nicht sagen, dass es am Feiern oder eben Nicht-Feiern liegt, aber das ist für mich die einzige, plausible Erklärung. Völlig egal, woher es kommt, jetzt bin ich auch noch der Streber in der Gruppe. Aber wieso wird das eigentlich immer in so einem negativen Kontext, als Beleidigung verwendet? Ist es nicht eigentlich gut, wenn man lernt? Es geht immerhin um die Zukunft. Überhaupt: Wieso werde ich damit beleidigt und nicht Nina? Die – nebenbei bemerkt – die Beste der Klasse ist.

Apropos Nina. Von ihr habe ich lange nichts mehr gehört, geschweige denn gelesen. Das ist auch etwas seltsam. Am Anfang ist sie mir sogar bis vor meine Haustür gefolgt und jetzt passiert nichts mehr, Funkstille. Ab und zu unterhalte ich mich mit ihr und Nadja, über nichts Spezielles, ganz oberflächlich, aber sonst – gar nichts mehr. Auch jetzt sitzt sie einfach nur da. Ich erwarte Freudentränen, wie ich es von meiner früheren Klasse gewohnt bin, wenn ein Mädchen die beste Klausur geschrieben hat. Aber nichts. Rein gar nichts. Als sie bemerkt, dass ich zu ihr herüberschaue, lächelt sie mich einfach nur an. Was soll dieses Grinsen? Will sie mich provozieren, weil sie eine bessere Klausur geschrieben hat?

Bis eben war ich noch zufrieden mit meiner Note, aber kaum weiß ich, dass Nina eine bessere Klausur geschrieben hat, ist meine ganze Freude verpufft. In Deutsch dasselbe: David Eins minus, Nina mit einem Punkt besser eine Eins.

Dieses Mädchen, es regt mich auf! Als das meine Freunde bemerken, ist alles verloren. Ich bin jetzt der Streber der Klasse, der sich nicht einmal über eine Eins minus freut. Dabei ärgere ich mich nur über den fehlenden Punkt. So heiße ich jetzt nicht mehr David, sondern nur noch Streber.

Dass mich aufgrund meiner Noten die Lehrer immer wieder beauftragen, schlechteren Gruppen zu helfen, macht meinem Ruf natürlich alle Ehre. Aber: Von den Lehrern geschätzt zu werden macht schon Spaß. Weil auch noch unser Tutor vorgeschlagen hat, dass ich der neue Klassensprecher werde – und niemand widerspricht dem Tutor – stimmen schließlich alle dafür. Meine Gruppe freut das sogar, weil sie denken, dass sie jetzt ein bisschen bevorzugt werden, immerhin gehöre ich ja zu ihnen, auch wenn es sich für mich nicht mehr so anfühlt. Was als nächstes passiert ist, damit hätte ich rechnen müssen: Sie haben sich einfach selbst bevorzugt – und das natürlich nicht heimlich, sondern komplett offensichtlich.

Das fällt natürlich auch unseren Klassenkameraden auf und es kommen Fragen wie: „Wieso dürfen die im Unterricht etwas anderes trinken als Wasser?" oder „Warum können die einfach machen, was sie wollen?" Auch die Lehrer bemerken das entstandene Chaos in der Klasse natürlich – und ich bekomme Ärger. Ich habe es wirklich versucht, habe ein Kaffeeverbot verhängt – das eigentlich für Schüler sowieso gilt – aber meine Klassenkameraden entgegnen nur: „Dann musst du es den Lehrern auch verbieten." Na gut, dann ist unsere Klasse eben eine kaffeefreie Zone. Manche Lehrer halten sich tatsächlich daran. Aber das ist nicht das einzige Problem: Als ich einen Sitzplan entwerfen soll, schieße ich mich komplett ins Aus.

Entweder ich mache es für meine Klasse angenehm und die Lehrer meckern mit mir oder ich mache den Sitzplan so, wie es die Lehrer gerne hätten und meine ganze Klasse ist sauer auf mich. Weil ich die Konsequenzen von Seiten der Lehrer als schlimmer einstufe, mache ich es schließlich so, wie es ihnen passt. Aber spätestens, nachdem unser Tutor sich bei mir „für die tolle, neue Sitzordnung" bedankt, merke ich, dass die Entscheidung ein Fehler war. Streber und Lehrerliebling – eine tolle Kombination.

Wenn man in so einem Fall keine starke Gruppe hinter sich hat, ist alles aus. Ich habe eine Gruppe hinter mir, das habe ich zumindest gedacht. Aber dann hat mir Nick, mit dem ich eigentlich kaum etwas zu tun habe, das Bild gezeigt, das im Internet kursiert. Dort bin ich als Lauch abgebildet und ein scharfes Messer schneidet durch mich durch.

Was unter dem Bild geschrieben ist, kann ich nicht lesen, da der Bildschirm von Nicks Handy kaputt ist. Er verzieht dabei keine Miene, nichts. Nicht nur, dass meine Freunde mir nichts von dem Bild erzählt haben, nein, einer aus meiner Gruppe hat es anscheinend sogar veröffentlicht. Linus, da steht es ganz klar und deutlich. Jetzt? Zu Linus gehen und ihn darauf ansprechen? Schweigen und es über mich ergehen lassen? Weil ich keine Antwort auf diese Fragen finde, setze ich meine gesamte Hoffnung auf die Reise nach Berlin, die wir mit der Klasse unternehmen wollen.

Tatsächlich läuft es gut: Wir besuchen Museen über den zweiten Weltkrieg, die Berliner Mauer und den Bundestag, sowie den Bundesrat. Das Verwunderlichste: Niemand aus meiner Gruppe hat versucht, in Berlin Alkohol zu kaufen. Sie können also auch ohne Spaß haben! Am letzten Abend spielen wir noch Karten bis spät in die Nacht hinein. Alle wollen auf der Heimreise übermüdet sein, dass sie besser schlafen können. Irgendwann sind nur noch Linus, Nina, Nadja und ich in der Hotellobby.

Nur einen Moment lassen Nadja und ich die anderen beiden allein. Keine Ahnung, was in der kurzen Zeit, als ich etwas zu trinken hole und Nadja auf der Toilette ist, passiert ist, aber als ich zurückkomme, sieht sich Nina verzweifelt um. Was hat er gemacht? Soll ich mich einmischen? Das sind die ersten Fragen, die ich mir stelle. Die zweiten sind: Haben sie mich bemerkt? Kann ich noch weggehen? Ich will mich schon umdrehen und gehen, als Nina auf mich zukommt und mir doch tatsächlich ins Ohr flüstert: „Komm mal mit, ich muss dringend mit dir reden." Damit eilt sie zu ihrem Zimmer.

Ich will Linus nicht alleine lassen, so alleine tat er mir leid. Außerdem habe ich noch das Getränk, das ich eben erst geholt habe, deshalb setzte ich mich wieder zu ihm, anstatt Nina zu folgen. Vielleicht erfahre ich auch, wieso er das Bild ins Netz gestellt hat.

„Was wollte Nina von dir?", will er gleich wissen und ich zucke mit den Schultern. „Nichts Wichtiges. Irgendwas wegen Nadja. Das habe ich auch nicht verstanden." Er nickt nur leicht. „Worüber hast du mit ihr geredet, während wir weg waren?", frage jetzt ich. Ich bin ein bisschen überrascht, dass er es mir direkt erzählt. „Ich wollte nur ein ganz normales Gespräch starten, aber Nina hat es gleich abgewürgt." Was er mit ihr besprechen wollte, sagt er mir natürlich nicht.

Auf der Heimfahrt schlafen zum Glück alle. Keiner spielt irgendeinen Streich oder albert herum. Zumindest nicht, solange ich wach bin. Ich muss wohl auch eingeschlafen sein, denn als ich aufwache, merke ich, dass mein Handy verschwunden ist. Habe ich es in Berlin verloren? Aber ich habe noch Kopfhörer auf, mit denen ich zum Einschlafen Musik gehört habe.

Ich beuge mich unter meinen Sitz, vielleicht ist es mir runtergefallen? Nichts. Dann höre ich es zwei Reihen hinter mir laut lachen. Linus und Michael tippen auf meinem Handy herum und amüsieren sich prächtig. Bis ich sie überreden kann, es mir zurückzugeben, haben sie schon über zweihundert Nachrichten mit Penelope ausgetauscht.

Bevor ich mein Handy bekomme, schicken sie sich ihren geschickt, was die Bedingung war, damit ich es zurückbekomme. Zum Glück hat sie gemerkt, dass die Nachrichten nicht von mir kommen. „Wieso schreibst du so viel mit einem Mädchen?", lautet jetzt die große Frage. „Wieso sind in den Nachrichten so viele Herzchen?"

Dass Penelope meine beste Freundin ist und ich sie nicht als feste Freundin möchte, glaubt mir natürlich niemand. Dass Linus jetzt so tut, als hat er Gefallen an ihr gefunden, liegt bestimmt nur daran, dass er mich nerven möchte. Er fragt mich unendlich viele Sachen über Penelope aus. Was sie für Musik hört, was sie gerne isst, was sie in ihrer Freizeit macht. Ist er nicht eigentlich in Nina verliebt, oder habe ich die Situation gestern Abend falsch interpretiert? Aber wenn er lieber mit Penelope zusammen sein will, ist mir das auch recht. Wieso mache ich mir darüber überhaupt Gedanken?

Schon am ersten Tag zurück in der Schule ist es, als seien wir nie weg gewesen. Ich bin wieder der Streber und alle spielen mir Streiche.

Das Verschwinden meines Taschenrechners und meiner Schulbücher wird zur Normalität. Dazu diese ganzen Zeichnungen in meinen Heften, welche leider nicht mit Bleistift gemacht werden. Ich frage mich schon, wann es soweit ist, dass sie mich in der Toilette einsperren, wie in Filmen. Es kommt mir langsam so vor, als ob sie mich hassen. Zu allem Überfluss kommt Linus tatsächlich mit Penelope zusammen. Ich kann es nicht begreifen. Nur wenige Tage und Penelope ist von komplett verzweifelt auf „Ich habe wieder einen Freund" umgestiegen und das nur weil ich mich während der Zugfahrt entspannt habe, nicht wachsam war.

Langsam habe ich das Gefühl, dass ihr bestes Mittel gegen eine Trennung ein weiterer Freund ist. Ist das normal? Bin ich dann abnormal? Nadja ist es, die bemerkt, wie dreckig es mir geht. „Alles in Ordnung?", fragt sie. „Sehe ich so übel aus?", frage ich mich. Ich überlege sogar kurz, ihr mein Herz auszuschütten, aber das letzte, was ich jetzt noch brauche, ist Mitleid. Es gibt nichts schlimmeres als Mitleid.

So schön es auch ist zu wissen, dass man einer Person wichtig ist. Aber dieser offensichtliche Gesichtsausdruck, der ausdrückt: „Mit dir möchte ich besser nicht tauschen" gibt mir manchmal das Gefühl, als erfreuen sich andere Leute nur am Leid der anderen, um sich selbst besser zu fühlen. Deswegen schicke ich Nadja weg. Jeden Tag, eine Woche lang. Schließlich hinterlässt sie mir einen Zettel.

Das eine aber wissen wir: Wer Gott liebt, dem dient alles, was geschieht, zum Guten. Dies gilt für alle, die Gott nach seinem Plan und Willen zum neuen Leben erwählt hat. (Römer 8,28)

Herzliche Einladung zur Jugendstunde am Samstag um 19 Uhr

Von Gott habe ich schon gehört, aber so wirklich wahrgenommen habe ich ihn nicht, erst recht nicht in der letzten Zeit, wo ich ihn gebraucht hätte.
Ich bin zwar getauft worden, machte meine Kommunion und trotzdem hatte ich bisher sonst keine Berührungspunkte zu ihm. Ist das jetzt ein Zeichen von Gott? Kann er das überhaupt? Ich lege den Zettel zur Seite und überlege tatsächlich, ob ich dorthin gehen soll.
Schaden wird es mir bestimmt nicht. Ich werde jetzt sowieso schon von allen aus meiner Klasse beleidigt. Selbst die Lehrer diskreditieren mich aufgrund

meiner Religion oder wegen meiner Herkunft. Um bei ihnen wenigstens gut anzukommen, tue ich so, als würde es mir nichts ausmachen, doch es tut mir sehr weh.

Immerhin stehe ich zu meinen schwäbischen Wurzeln, die hier unter vielen Vorurteilen leiden. Auch, dass ich als Pädophiler abgestempelt werde, nur weil ich katholisch bin, ist vollkommen bescheuert. Im Religionsunterricht vergeht keine Stunde, ohne dass der katholische Glaube runtergemacht wird. Was ist das für eine „christliche" Schule. Sind das die Werte der Christen? Sollte ich es wirklich wagen, in die evangelische Gemeinde von Nadja zu gehen? Könnte es denn nicht dort genauso sein? Ich weiß, dass Elias auch in der Gemeinde ist, weswegen ich mir nicht sicher bin, ob ich hingehen soll. Trotzdem will ich es mal ausprobieren, denn so wie es jetzt ist, soll es nicht weitergehen.

Der Eingang ist ziemlich schwer zu finden. Das Gebäude, das aussieht wie für einen Riesen konzipiert, hat auch nichts von einer gewöhnlichen Kirche. Da sollte man meinen, der Eingang bei so großen Gebäuden ist ebenfalls verhältnismäßig groß. Aber ich finde nur einen kleinen, verschlossenen, dahinter ist alles dunkel. Also irre ich weiter auf dem Hof herum und begegne endlich einem anderen Menschen.

Kapitel 7

Er stellt sich als Benedikt vor und begleitet mich in das mächtige Gebäude und zur Jugendstunde. Der Jugendraum ist direkt unter dem Dach. Stockwerk um Stockwerk bringt mich Benedikt nach oben. In den überdimensionierten Raum, in diesem überdimensionierten Gebäude und darin gibt es sogar eine überdimensionierte Küche. Es ist richtig viel los. Überall stehen Leute – aber nicht annähernd so viele, dass der viele Platz gerechtfertigt wäre. Ich erkenne Fünfzehnjährige genauso wie Dreißigjährige und alle unterhalten sich. Sie sehen aus wie eine ein bisschen zu groß geratene Familie. Eine Familie mit über vierzig Personen. Ich, ich stehe einfach nur am Eingang, erschlagen von der schieren Größe des Ganzen.

Nadja umarmt mich plötzlich zur Begrüßung. Das hat sie vorher noch nie gemacht. Sie zieht mich in den Raum und stellt mich ein paar Leuten vor. Irgendwas ist hier anders, komisch. Es wirkt so, als freuen sich viele, dass ich da bin. Wieso? Was ist hier los? Noch bevor ich zu Ende denken kann, setzen sich alle auf die Stuhlreihen und ich platziere mich einfach neben Nadja. „Kenne ich dich?", fragt mich plötzlich ein Mann, vielleicht Anfang dreißig, auf jeden Fall etwas älter als der Rest. „Nein", antworte ich ein bisschen perplex und der Mann bittet mich, aufzustehen. Hätte ich doch nur „ja" gesagt. Oder gar nichts. Der Typ streckt mir ein Mikrofon entgegen. Was will er damit? Soll ich jetzt was vorsingen? Ich will einfach gehen, einfach hier raus. Aber es geht nicht, weil alle schauen mich mit gespannten Gesichtern an. „Stell dich doch bitte vor", fordert mich der Mann schließlich auf und lächelt mir aufmunternd entgegen. Nichts leichter als das. Was sagt man denn zu Leuten, die man nicht kennt? Ich kann ihnen schlecht alles von mir erzählen. Ich beschränke mich auf das Nötigste: „Mein Name ist David. Ich komme aus Egelsbach und bin in Nadjas Klasse." Ich hoffe nur, dass niemand mich danach fragt, wieso ich hier bin. Diese Frage stelle ich mir nämlich selbst.

Es stellt sich heraus, dass die Jugendstunde nichts weiter ist als ein Gottesdienst für jüngere Leute. Sowas in der Art habe ich mir durch den Vers aus der Bibel schon gedacht, den Nadja mir zugesteckt hat. Ganz so normal ist der Gottesdienst auch nicht. Zwar geht es um bestimmte Bibelstellen und es wird gesungen, aber trotzdem ist es irgendwie anders. Das fällt mir spätestens dann auf, als es am Ende noch kostenlos etwas zu essen gibt und alle gemeinsam Karten- oder Brettspiele spielen.

Es ist echt interessant, wie das alles funktioniert. Es ist heute kein einziges Mal passiert, dass irgendetwas von der Technik nicht funktioniert hat. Nicht so wie an meiner Schule. Diese ist geplagt von technischen Problemen. Es funktioniert noch nicht einmal das Übertragen von Videos ohne Probleme. Entweder ist das Kabel kaputt oder der Anschluss funktionierte nicht. Täglich ist irgendwas anderes kaputt. Noch besser ist, wenn das Internet nicht funktioniert.

Schon seit den Winterferien haben wir kein WLAN in der Klasse und niemand kümmert sich darum. Das war's dann wohl mit der wirklichen Medienklasse. Jetzt heißt das nur noch, dass wir auf Tablets mitschreiben, statt auf Blättern. Alle weiteren tollen Ideen, die sich die Schule ausgedacht hat, können wir immerhin aufgrund technischer Mängel nicht nutzen.

Ich entscheide mich für ein Kartenspiel. Das geht schnell und mein Vater will mich sowieso bald abholen. Dass es fast 23 Uhr wird, habe ich nicht vorhergesehen. Obwohl Papa sauer ist, ist mir das irgendwie in diesem Moment egal. Weil ich weiß nicht genau, was die Leute dort mit mir gemacht haben, aber ich bin glücklich. Haben die mir was in meine Getränke gemischt? Haben sich dort alle etwas in die Getränke gemischt? Merkt mein Vater, dass ich anders bin? Anscheinend nicht, sonst hätte er mich bestimmt schon darauf angesprochen. Ich weiß, dass dieses schöne Gefühl nicht bleiben wird. Denn am Montag muss ich wieder zur Schule. Am liebsten will ich daheim bleiben, kann meine Mutter mir nicht eine Entschuldigung schreiben? Kann sie. Ich jammerte lange herum, brauche dreimal so lange auf der Toilette, wie sonst, und stöhnte andauernd. So etwas habe ich vorher noch nie gemacht, doch ich habe gar keine Lust auf die Schule. Bei dem Gedanken daran bekomme ich wirklich fast Bauchschmerzen.

Trotzdem muss ich am Mittwoch wieder in die Schule. Unsere Französischlehrerin kommt auf die tolle Idee, dass wir als Medienklasse Kurzfilme drehen sollten. Natürlich auf Französisch. Keine Actionfilme, sondern eine Nachrichtensendung oder ein Kochvideo.

Meine Gruppe hat es sogar noch schlimmer erwischt: Wir sollen einen Film über einen Anwalt drehen. Meine Gruppe ist mal wieder wie für mich gemacht: Allem voran Elias, der anscheinend nichts Besseres zu tun hat, als mich nieder zu machen, indem er immer wieder neue Beleidigungen für mich findet.

Dabei wird er schon richtig kreativ. Das sollte er mal beruflich machen. Leon und Paul unterstützen ihn dabei natürlich. Dann ist da auch noch ausgerechnet Nina, die sowieso immer besser ist als ich. Zum Schluss noch Carla. Zu ihr gibt es nicht viel zu sagen. Sie ist nichts Besonderes, was sie irgendwie auch wieder besonders macht.

Wir haben mächtig Arbeit in das Skript gesteckt – bis unsere Französischlehrerin uns endlich mitteilt, dass es im Buch schon teilweise Vorgaben gibt, an die wir uns zu halten haben. Zu unserem Glück mussten wir unser Skript nur ein bisschen verändern, dass es passt, aber trotzdem. Hätte sie uns das nicht vorher sagen können? Oder sind wir etwa die Einzigen, die das nicht mitbekommen haben? So wird der spannende Film zu einer Romanze, wie im Buch unter anderem vorgegeben. Leon findet die Idee anscheinend direkt perfekt und auch Nina und ich haben nichts dagegen. Elias ist es sowieso egal, da er nicht vor die Kamera will und dafür den Schnitt übernimmt. Nur bei Carla und Paul kostet uns einiges an Überzeugungskunst. Aber für sie ist direkt klar, dass sie keine der beiden Liebesrollen einnehmen wollen.

Also bleibt als weibliche Rolle nur noch Nina und sie will, dass ich den anderen Part übernehme. Was ich davon halten soll, weiß ich selbst nicht genau.

Es ist immerhin nur ein Film, nicht echt, also wieso darüber nachdenken? Am Wochenende sitze ich schließlich alleine am Skript, da mir keiner helfen will.

Am darauffolgenden Montag passiert es:

Ich hätte damit rechnen können, dass Elias oder Leon behaupten, dass ich die Rolle unbedingt will, weil ich in Nina verliebt bin. Das weiß jetzt die ganze Klasse. Kann es sein, dass einer von den beiden mir es nicht gönnt, dass Nina mich ausgewählt hat? Oder rede ich mir gerade etwas ein?

Zugegeben, ich bin über die Rolle nicht unglücklich. Ich mag Nina gerne, auch wenn ich am Anfang vor ihr weggerannt bin. Ich bin froh, dass das Thema seither nie wieder aufgekommen ist. Ich kann ihr schlecht sagen, dass ich vor ihrer Schönheit weggelaufen bin. Das wäre ein bisschen zu komisch und auch ein wenig zu kitschig. Die ersten paar Szenen unseres Films sind noch relativ harmlos zu drehen. Aber nach ein paar Tagen muss ich sogar mit einem Anzug in die Schule kommen, nur damit ich den Anwalt wenigstens halbwegs glaubwürdig spielen kann.

Der Dreh und so zu tun, als wäre ich in Nina verliebt, macht mir unheimlich Spaß. Für den Abspann stellen wir sogar Pärchenfotos und irgendwie steigt meine Zuneigung für sie tatsächlich an jedem Tag, an dem wir drehen.

Es kommt mir langsam sogar so vor, als ob ich wirklich Gefühle für Nina entwickele. Manche würden es vielleicht Liebe nennen. Ich weiß aber ganz ehrlich nicht, was es ist. Was ist Liebe eigentlich? Kann jemand in meinem Alter das überhaupt schon? Wie ist das eigentlich so, eine Freundin zu haben?

Kann ich mir das überhaupt erlauben, bei der derzeitigen Situation in der Klasse? Wenn ich von allen Seiten schikaniert und fertiggemacht werde, das am Ende vielleicht auch ihr Schicksal ist, wenn sie sich mit mir abgibt? Ich werde von Tag zu Tag verzweifelter, keiner nimmt mich ernst, akzeptiert oder respektiert mich. Ich komme mir vor wie das größte Opfer, egal was ich mache, es wird gegen mich verwendet: Mein neuer Laptop, der Film, selbst, dass ich ab und zu mit dem E-Bike meines Vaters in die Schule fahre. Jetzt posaunen sie auch noch rum, dass ich in Nina verliebt bin.

Auch wenn ich nicht weiß, ob sie vielleicht recht haben, tun sie es nur, um mir weiter zu schaden, mich auszulachen, weil ich sowieso keine Chance bei ihr habe. Meine Lust, zur Schule zu gehen, sinkt mit jedem Tag, mit jedem Satz und mit jedem schiefen Blick. Auch beim Tennis gerate ich immer mehr aus der Übung. Ich komme seltener, werde schlechter und verliere ein Spiel nach dem anderen. Da ist es auch nicht hilfreich, wenn ich meine Mannschaftskameraden anschreie, wenn ich gereizt bin, weil mein Schultag wieder alles an Kraft von mir abverlangt hat.

Das führt sogar so weit, dass sie mich für den Rest der Saison rauswerfen und nicht mehr im Training sehen wollen. Damit verliere ich auch noch Tennis – das letzte, was mir noch geblieben ist. Ich verliere immer weiter die Lust, irgendetwas zu machen. Keine Lust auf Kino, keine Lust, irgendjemanden zu sehen. Auch auf Penelope habe ich weniger Lust, seit sie mit Linus zusammen ist. Nur Nadja ist noch für mich da.

Ich muss irgendwie versuchen, wieder Anschluss in meiner Gruppe zu finden. Das klappt sogar besser als gedacht. Ich gehe mit ihnen ins Kino, zu Stadtfesten – aber obwohl ich dabei bin, gehen alle Scherze auf meine Kosten. Genauso wie die meisten Getränke.

In dieser Zeit treffe ich mich auch oft mit Nadja. Nicht nur zur Jugendstunde, sondern um mit ihr über die Klasse zu reden. Über die Liebe. Sie rät mir nur dazu, dass ich beten solle. Beten? Ich glaube kaum, dass ich davon viel Hilfe erwarten kann. Trotzdem haben wir es einmal gemeinsam versucht.

„Sei nicht enttäuscht, wenn es nicht gleich funktioniert", sagt Nadja aber.

„Manches braucht seine Zeit." Nina wird schon fast zu unserem Dauerthema. Sie warnt mich davor, noch mehr Zeit in meiner Gruppe zu verbringen. Aber das ist mir egal. Es funktioniert momentan. Ich werde zwar nicht gerne ausgenutzt, aber wenn das die einzige Option ist, damit ich wieder Anschluss an die Gruppe und an die Klasse bekomme, dann ist das ebenso.

Ich kann ja nicht ahnen, dass mir gleich schon wieder ein enormer Fehler passieren wird. Denn als ich Elias am Freitag nach den Fotos von Nina und mir frage, die er für den Film gemacht hat, stellt er eine Bedingung: „Du musst sie für mindestens vierundzwanzig Stunden ins Internet stellen!" Ich habe mir zuerst keine großen Gedanken darüber gemacht. Wie groß dieser Fehler ist, erfahre ich erst am Montag.

Kapitel 8

Nina kommt am Montag nicht zur Schule. Alle mutmaßen, dass die Bilder der Grund dafür sind. Ich bin noch nicht mal richtig angekommen, da darf ich mir von meinen Klassenkameraden schon Dinge anhören wie: „Wie kannst du solche Bilder einfach hochladen, ohne Nina zu fragen?" Elias tut so, als habe es nie eine Abmachung zwischen uns gegeben. Ich soll schuld sein, dass Nina heute nicht in der Schule ist. Weil die Bilder sie verletzt haben. Weil niemand sie nach dem wahren Grund fragen kann, wird das einfach als offizieller Grund erklärt.

Nicht einmal Nadja will mir glauben, dass Elias mich dazu gedrängt hat, die Fotos online zu stellen, deshalb werde ich selbst unsicher. Hat er mich wirklich gezwungen oder bilde ich mir das alles nur ein? Ist die Fantasie mit mir durchgegangen? Zwei Tage später kommt Nina wieder in die Schule – aber keiner fragt nach dem Grund für ihr Fehlen. Für meine Mitschüler ist klar, dass es an mir gelegen haben muss. Nicht einmal ich schaffe es, sie darauf anzusprechen. Zu groß ist meine Angst, die Antwort schon zu kennen. Schuldgefühle zerfressen mich.

Was, wenn sich wirklich herausstellt, dass sie wegen der Bilder nicht zur Schule gekommen ist? Ich wüsste gern, was sie darüber denkt. Auch über die Gerüchte, die sich hartnäckig halten. Dass ich in sie verliebt sei. Dass Linus mich sogar mal gefragt hat, ob ich sie mag. Natürlich habe ich mit „ja" geantwortet – ich mag sie immerhin auch. Aber lieben?

Ich frage mich, ob sie davon gar nichts mitbekommt, oder ob sie es einfach ignoriert. Mich ignoriert sie, bis zur letzten Stunde. Was sie dann zu mir sagt, werde ich wahrscheinlich nie wieder vergessen. „Wir können nicht mehr befreundet sein." Als sei das nicht schon schlimm genug, fügt sie hinzu: „Du bist viel zu unbeliebt."

Hätte das jemand anderes zu mir gesagt, wäre ich vielleicht wie eine Tomate, die auf den Boden fällt – matschig, vielleicht sogar unbeschadet. Aber weil es ausgerechnet Nina sagt, fühle ich mich, als habe sie mich kleingeschnitten und mit aller Gewalt auf den Boden geworfen, sei danach auf mir herumgetrampelt – mehr als Matsch, sondern zerstört, dreckig und ungenießbar.

Das ist das schrecklichste Gefühl, das ich jemals hatte. Eigentlich denke ich, dass es nicht noch schlimmer werden kann, aber dann kommt Nina auch noch mit Michael zusammen. Einem Jungen aus meiner Gruppe. Einer von denen, der stets über mich lacht. Das gibt mir den letzten Schuss und ich bleibe eine Woche lang mit Kopf- und Magenschmerzen im Bett. Ich habe zu nichts Lust.

Nicht einmal an dem Computer oder an den Fernseher will ich. Nur das Radio läuft. Ich höre die ganze Zeit Nachrichten, mit der Hoffnung, dass es Leuten schlechter geht als mir. Beinahe wundere ich mich über die Nachrichten meiner Klassenkameraden. „Wo bist du?" und „Wieso bist du nicht in der Schule?" Aber beantworten werde ich sie garantiert nicht. Weil sie der Grund für mein Fehlen sind. Wie kann es sein, dass jemand ununterbrochen von der gesamten Klasse geärgert, gereizt und gehänselt wird? Wie kann es sein, dass kein Lehrer etwas davon mitbekommt. Wie kann es sein, dass ich alleine bin mit meinen Problemen? Penelope hat einmal gesagt: „Freunde sind wie Toilettenpapier – es ist immer gut, welche in Reserve zu haben." Ich habe nie daran gedacht, dass es vielleicht stimmen könnte. Meine früheren Freunde habe ich alle verloren, als ich auf die neue Schule gewechselt bin. Nicht nur das. Ich wollte auch nichts mehr mit ihnen zu tun haben, denn sie wurden alle etwas komisch und kamen immer mehr in Gang-Strukturen. Damit wollte ich nichts zu tun haben. Mein Gedanke war, dass ich sowieso neue Freunde finden werde. Doch das hatte nicht so ganz funktioniert. Also ist der Satz vielleicht doch nur Blödsinn.

Irgendwann bekomme ich mit, dass sich Penelope von Linus getrennt hat – wegen Paul, ihrem Ex-Freund, mit welchem sie nicht viel gemeinsam hat, außer die Liebe zur Musik. Ich merke, wie mein Kiefer anspannt bei ihrer Nachricht, dass sie sich wieder in den Typen verliebt hat, der sie noch vor ein paar Wochen so sehr verletzt hat, dass sie sich sogar umbringen wollte. Das kann doch nicht gutgehen, oder? Und was, wenn sie die Drohung am Ende wahr macht, wenn Paul sie wieder ohne jeden Grund abserviert? Oder vielleicht hat er sich geändert? Hat erkannt, dass er Penelope vermisst hat, bei ihr sein will – und ist ihr gegenüber jetzt kein Vollidiot mehr? Vielleicht muss ich mich ja auch nur ändern, mich für die anderen anpassen.

Ich will es gleich am Montag ausprobieren. Es funktioniert tatsächlich. Die Späße auf meine Kosten sind nur noch halb so schlimm, ich werde wieder auf Partys eingeladen und ich unternehme wieder viele Dinge mit der Gruppe. Einige davon auch illegal. Wir brechen in alte Militärgelände ein und laufen durch die Ruinen. Auch vor dem Flugplatz in Egelsbach oder den Dächern der Supermärkte schrecken wir nicht zurück. Dass das illegal ist, ist egal, Hauptsache ich bin wieder dabei. Natürlich schicken sie mich immer vor und wenn wir erwischt werden, soll ich mich als Sündenbock hinstellen, aber dazu kommt es zum Glück nicht. Obwohl ich mich jedes Mal aufs Neue frage, wieso ich es mir antue – ich muss. Auch wenn meine Noten schlechter werden, weil ich weniger Zeit zu lernen habe. Die Lehrer wollen Gespräche mit meinen Eltern führen, ich bekomme immer mehr blaue Briefe. Sie wollen mich zur Nachhilfe schicken, haben mir den Computer weggenommen. Soll ich mich wieder mehr um die Schule kümmern und weniger mit der Gruppe unternehmen – und das Risiko eingehen, dass sie mich wieder heruntermachen? Nein, nein, nein. Nie wieder zurück. Ich gebe mich, so gut ich kann. Ich frage nicht einmal Linus, wieso er nicht traurig über die Trennung von Penelope ist, ob es ihm gar nichts bedeutet hat. Keine unnötigen Fragen, keinen unnötigen Ärger machen. Aber ich bin neugierig … Soll ich so immer weiter machen? Immer nichts machen? Immer Angst vor Konsequenzen haben? Mich immer zurückhalten? Gerade geht es eben nicht anders.

Obwohl ich Penelope und ihre Beziehungsdramen am liebsten ausblenden möchte, kommt Leon plötzlich auf mich zu und fragt mich, welche Vorlieben Penelope hat und wo sie wohnt. Ist Leon in Penelope verknallt? Aber sie geht doch jetzt mit Paul, weiß er das nicht? Doch, weiß er. „Ich will ihr nur eine Freude machen", sagt er. Ich erzähle ihm, was er wissen will. Schon am folgenden Samstag erfahre ich, ob es eine gute Idee gewesen ist, Leon so viel von ihr zu erzählen.

Penelope kommt ganz aufgeregt zu mir und quietscht: „Ich habe einen Rosenstrauß geschickt bekommen!" Ohne Zettel, ohne Nachricht, nur mit ihrem Namen darauf. Ihr Verdacht fällt natürlich auf Paul. Sie ist so unfassbar glücklich, dass Paul etwas so Romantisches gemacht hat. Sogar so unfassbar glücklich, dass ich es nicht über mein Herz bringe, Penelope zu sagen, dass die Blumen vielleicht von Leon sind. Also schweige ich und freue mich mit ihr. Sie freut sich sogar so sehr, dass ich es schon wieder übertrieben finde. Aber vielleicht ist das so, wenn man eine Person sehr gerne hat. Irgendwie beneide ich Penelope um dieses Gefühl.

Ich würde mich auch gerne freuen, wenn mir etwas Gutes passiert oder mir jemand etwas Gutes tut. Das Problem daran ist, dass mir niemand etwas Gutes tut und auch niemand Gefühle für mich hat. Die Blumen sind übrigens wirklich von Leon, er fragt mich nämlich am nächsten Montag vor Schulbeginn, ob Penelope sich darüber gefreut habe.

Was soll ich dazu sagen? Dass Penelope gedacht hat, dass die Blumen von Paul sind? Dass ich sie nicht darauf hingewiesen habe, dass sie von ihm sein könnten? Ich beschließe, so zu tun, als wisse ich nichts über Blumen. Eine dreiste Lüge und ich bin mir sicher, dass Leon das auch weiß. Nadja weiß es. Zumindest kommt sie später zu mir und fragt, was der Mist soll. Woher weiß sie denn jetzt davon? „Lass dich doch nicht von ein paar Leuten so einschüchtern", rät sie mir und klingt dabei irgendwie wütend. Sie weiß nicht, wie das ist. Ich will nicht meine Schulzeit zur Hölle machen, weil mich ein paar aus der Klasse nicht leiden können. Deswegen muss ich mich eben anpassen. So läuft das. Als ich ihr das sage, wird Nadja sauer. Sie stampft einfach nur davon und sagt gar nichts mehr. Die ganze Woche lang. Sie versteht das nicht, sie versteht mich nicht.

Ich muss dazu gehören, auch wenn meine Noten darunter leiden. Auch wenn die Lehrer mir raten, mich anzustrengen, dass ich die Klasse nicht wiederholen muss. Kurz durchzuckt mich der Gedanke, dass ich dann in einer neuen Klasse wäre und meine Mitschüler los wäre. Aber das ist keine Option, oder? Nur eine Klasse zu wiederholen, weil meine jetzige größtenteils aus Idioten besteht. Ich muss Nadja um Rat fragen – auch wenn sie sauer ist. Sie ist die einzige Person, der ich vertrauen kann. Irgendwann bringe ich mich sogar dazu, zu ihr zu gehen. Der

Weg zu ihrem Haus ist weit. Ich hätte noch genug Zeit umzudrehen. Beinahe hätte ich das auch gemacht, wäre mir nicht Benedikt entgegengekommen. „Nadja ist in unserer Gemeinde", erzählt er mir, nachdem er mich gefragt hat, wohin ich gehe. „Ich bin auch gerade auf dem Weg dorthin. Wir singen dort – du kannst mitsingen, wenn du magst." Wenn er wüsste, wie gut ich singen kann. Trotzdem komme ich mit.

Nadja ist eine Solistin. Ich habe sie in der Schule schon singen gehört, aber hier ist sie sogar noch deutlich besser. Sie hat mich wohl gar nicht wahrgenommen, zumindest ist sie nach der Probe überrascht, mich zu sehen. Sie freut sich darüber. „Können wir reden?", frage ich sie schließlich und sie nickt. „Aber nicht hier", sagt sie und lädt mich zu sich nach Hause ein. Ein komisches Gefühl. Ich bin seit dem Kindergarten bei keinem Mädchen Zuhause gewesen.

Kapitel 9

Ich dachte schon, mein Haus wäre groß. Gegen Nadjas ist es aber nur ein Puppenhaus. Ein quadratisches Gebäude in der Mitte mit zwei Stockwerken, an den Seiten jeweils einstöckige Anbauten, von der Straße aus lässt sich ein großer Garten erahnen. Nadja merkt meine Sprachlosigkeit und schiebt mich voran. „Komm endlich." Das Haus muss ein Vermögen gekostet haben. Sind ihre Eltern reich? Wissen sie überhaupt, dass ich komme? Was werden sie denken, wenn Nadja einfach so einen Jungen mit ins Haus bringt?

Ein Mann öffnet uns die Tür – anscheinend ihr Vater – ich gebe ihm die Hand und stelle mich vor. Dann folge ich Nadja die Treppe ein Stockwerk nach oben. Die Räume im Haus sind alle klar und übersichtlich. Weiße Wände, ein Fußboden aus Holz. In ihrem Zimmer sind ein paar pinke Akzente mit einem Kissen, einer Decke und ihrem Nachttisch gesetzt worden, sie hat sogar einen Zugang zum Balkon. Über ihrem Bett steht ein Vers auf die weiße Wand gemalt:

„Der Herr ist mein Hirte, mir wird nichts mangeln.
(PS. 23,1)"

Ansonsten gibt es in ihrem Zimmer nichts Spektakuläres – ein Doppelbett, zwei Nachttische, ein Schreibtisch mit Stuhl, mehr nicht. Nadja hockt sich auf ihren Schreibtischstuhl und stellt mich im selben Moment vor tausend Fragen: Was soll ich machen? Stehenbleiben? Darf ich mich auf ihr Bett setzen?

„Setz dich ruhig hin", sagt Nadja schließlich.

Dann legt sie los. Sie fragt mich Dinge, auf die ich keine Antwort habe. Dinge wie „Wieso machen deine Freunde dich nieder?" und „Wieso bist du so schlecht in der Schule geworden?" Sie will mir helfen, aber das hilft rein gar nichts. Wir reden lange darüber, über die Schule, meine Gruppe, darüber, ob ich überhaupt eine Lösung finden wolle.

Schließlich wechselt sie zu einem nicht weniger deprimierenden Thema. „Wieso bist du in den Sommerferien vor Nina weggelaufen?" Wir reden oft über Nina – aber niemals darüber. Wieso ausgerechnet jetzt? Weil ich mir keine Ausrede einfallen lassen will, erzähle ich ihr die Geschichte. Dass ich neue Freunde finden und deswegen zu Linus gehen wollte, Nina aber die Tür aufgemacht hatte. „Ja und? Wieso bist du dann abgehauen?" Ich antworte zu lange nicht und Nadja fragt weiter.

Ihre Fragen werden aber nicht besser. „Findest du sie hübsch?" Was soll ich sagen? Würde sie es falsch deuten, so wie die Jungs aus der Klasse? Hat sie von den Gerüchten gehört? Davon, was vielleicht nicht nur Gerüchte, sondern echte Gefühle sind? „Sie hat einen tollen Charakter", setze ich an. „Sie sieht schön aus." Es hat mich enorme Überwindung gekostet und Nadja lächelt einfach nur.

Habe ich schon zu viel gesagt? Nadja fragte mich zwar, ob ich nicht bei ihnen übernachten will, dass wir noch länger hätten reden können, doch ich lehne dankend ab. Ich kann doch nicht schon beim ersten Mal, wenn ich bei jemandem zu Besuch bin, gleich übernachten. Außerdem mit Nadja in einem Bett schlafen, ist glaube ich etwas zu viel des Guten. Auch wenn es ein Doppelbett ist.

Am Montag bin ich etwas zu früh an der Schule, weswegen ich in den Oberstufenraum gehe. Die Gänge auf dem Weg dorthin sind noch kalt und leer, richtig unangenehm und erdrückend. Ich bin der einzige im Gebäude, denke ich. Im Oberstufenraum setze ich mich auf eines der zwei Sofas und höre Musik. Der Raum ist noch kälter als die Gänge. Es gibt einen Kühlschrank, welcher zumindest ein bisschen Wärme produziert, drei Mikrowellen, eine kleine Küchenzeile und ein paar Tische mit Stühlen.

Eigentlich ist der Raum für Schüler der Oberstufe zum Lernen gedacht, aber hier lernt eigentlich niemand. Meistens schauen sie hier Videos oder unterhalten sich einfach nur. Ein paar Minuten nach Unterrichtsbeginn gehe ich dann doch zur Englischstunde, aber das bemerkte niemand, da unser Englischlehrer sowieso noch nicht da ist. Er kommt immer zu spät. Meistens fünf bis zehn Minuten, einmal sogar eine halbe Stunde. Deshalb sind viele Mitschüler noch draußen, spielen auf dem jetzt leeren Schulhof Fußball oder unterhalten sich im Gang. Als alle meine Klassenkameraden eilig herein huschen ist klar: Unser Englischlehrer ist auf dem Weg.

Paul fehlt. Dass fällt unserem Lehrer bei der Anwesenheitskontrolle gar nicht auf. Erst, als ihn jemand darauf hinweist. „Er ist bestimmt krank", überlegt unser Lehrer nur und trägt ihn in das Klassenbuch ein. „Ich habe ihn heute schon auf dem Schulgelände gesehen! Im Obergeschoss", sagt schließlich Elias aus der letzten Reihe.

Ich stutze. Was hätte er im Obergeschoss gemacht, wenn er nicht in den Oberstufenraum wollte? Wäre er dort gewesen, hätte ich ihn ja gesehen. Habe ich ihn nur nicht bemerkt? „Vielleicht hat er ein Lehrergespräch", sagt unser Englischlehrer und beginnt, ohne weiter Zeit für das Thema zu verschwenden, mit dem Unterricht.

Wir lesen eine Rede von Barack Obama über Klimaschutz aus dem Jahr 2016, führen auf Englisch eine Diskussion über den Klimawandel und über das, was unserer Meinung nach, nach der Rede hätte passieren sollen und schauen zum Abschluss einen Film über die globale Erwärmung. Mitten im Film klingeln die Glocken zur Pause. Bilde ich mir das nur ein, oder vermischt sich das Geräusch mit Sirenen, die immer näherkommen? Schon auf dem Pausenhof stelle ich fest, dass ich richtig gehört habe: Lehrer scheuchen die Schüler vom Schultor zurück und zu den Seiten, um den Polizeiwägen und dem Rettungsdienst Platz zu schaffen.

Es ist etwas passiert. „Alle Schüler zurück in die Klassen", ist alles, was wir erfahren. Kein Hinweis, nichts. Uns bleiben nur Spekulationen. Die Ideen gehen von einer Übung bis hin zu einem Amoklauf. Blaulicht leuchtet durch die Fenster, die Anspannung im Klassenzimmer ist direkt greifbar. Die Pause ist inzwischen längst vorbei, wir warten vergeblich auf einen Lehrer. Das kann keine Übung sein. Kurz vor dem Ende der dritten Stunde kommt Frau Schwarz rein, die Klassenlehrerin der Parallelklasse. Sie ist bleich, verschwitzt. Irgendwie verzweifelt. Wir bombardieren sie mit all unseren

Fragen. Aber das Einzige, das sie sagt, ist: „Der Unterricht fällt heute aus, bei Fragen wendet euch bitte per E-Mail an euren Klassenlehrer, die klärt er dann morgen mit euch." Jetzt ist es klar: Es ist etwas Schlimmes. Es ist so schlimm, dass die Schule ausfällt. So schlimm, dass die Lehrer keine Worte mehr finden, Angst haben. Es gibt wilde Vermutungen und am nächsten Tag kommt die erschreckende Antwort.

Paul wurde blutverschmiert und bewusstlos in der Jungentoilette gefunden. Das ist nicht die Antwort auf meine Fragen. Trotzdem bilden sich schlagartig tausend neue in meinem Kopf. Wie konnte das passieren? Was ist passiert? Wurde er angegriffen? „Er lebt und ist im Krankenhaus, ob er jemals wiederkommt ist noch nicht geklärt", erklärt unser Klassenlehrer gleichzeitig gefasst und völlig aufgelöst. Linus ist derjenige, der sich traut auszusprechen, was wir alle befürchten. „Er wurde bestimmt von irgendjemandem mit einem Messer angegriffen." Die ganze Pause rätseln wir, die ganze Klasse, die ganze Stufe, die ganze Schule, wer es gewesen sein könnte. Oder war es versuchter Selbstmord? Aber Paul ist gerade erst mit Penelope zusammengekommen. Wieso sollte er dann … Oder hat Linus die Trennung nicht verkraftet? Aber angeblich sind alle in den Klassen oder noch nicht im Schulgebäude gewesen zu dieser Zeit. Alle außer mir. Ich erstarre und obwohl ich definitiv weiß, dass ich nichts damit zu tun habe, gerate ich in Panik. Was, wenn jemand weiß, dass ich zu dieser Zeit im Gebäude gewesen bin? Der Verdacht würde automatisch auf mich fallen.

Alle sind damit beschäftigt, sich wilde Theorien auszudenken, sich die Tränen aus den Augenwinkeln zu wischen oder ins Leere zu starren. Keiner beachtet mich. Das ist meine Chance. Ich gehe ganz langsam zur Tür, beinahe beiläufig. Doch dann kommt das, wovor ich gerade am meisten Angst habe: Nick, der Kapitän des Football-Teams, ruft plötzlich vom anderen Ende des Klassenraums herüber: „David, wie, du willst gehen? Täusche ich mich, oder warst du gestern ganz allein im Schulgebäude unterwegs?" Ich bleibe stehen, kann mich nicht mehr rühren. Die stickige Luft macht es mir schwer zu atmen. Was soll ich machen? Darauf antworten? Aber was? Ich muss etwas sagen. Angespannt schreie ich schließlich: „Wieso sollte ich sowas machen? Fragt doch mal Linus, der ist doch immerhin der Ex von Penelope!" Ich bin selbst über die Lautstärke meiner Worte überrascht. Dass es den anderen genauso geht nutze ich und eile aus dem Klassenzimmer in Richtung der Toiletten. Mist, abgesperrt, natürlich. Linus folgt mir. Ganz langsam. Mit erhobenem Haupt. Ich bin wie gelähmt. Der Rest der Klasse in seinem Rücken. Sie wollen anscheinend auch wissen, was hier vor sich geht. Linus ist inzwischen so nah, dass ich ihn hätte beißen können. „Wo warst du denn gestern Morgen? Willst du uns das nicht erzählen?" Im Oberstufenraum, will ich herausschreien. Aber es kommen keine Worte über meine Lippen. Deswegen fragt er weiter: „Warst du nicht schon immer eifersüchtig auf Paul? Du stehst doch die ganze Zeit schon auf Penelope, aber sie wollte dich nicht als festen Freund! Du warst nur die Notlösung für sie." Nein. Ich bin nicht in Penelope verliebt. Ich will es ihnen sagen, aber sie würden mich auslachen. Würden sich darüber lustig machen, dass ich eine Schwäche für Nina habe. Nina, vor der ich dreimal weggelaufen bin. Das Mädchen, die mich vor der ganzen Klasse gekorbt hat, mir gesagt hat, dass ich nicht cool genug für sie sei. „Penelope und ich sind schon seit Ewigkeiten befreundet, sie hatte ständig irgendwelche Freunde. Wieso sollte ich gerade jetzt eifersüchtig werden?" Linus muss meine Anspannung in meiner zittrigen Stimme bemerken und setzte zum letzten Stoß an.

Die alles entscheidende Frage.

Wenn ich diese für die Klasse nicht richtig beantworte, ist es aus. Er brüllt die Frage so laut wie ein

Marktschreier und so langsam wie ein Politiker hinaus. Die Worte, die aus seinem Mund kommen, beanspruchen alles an Kraft, die er aufbringen kann. „Hast du versucht, Paul umzubringen?" Mein Kopf rattert so viele Antworten herunter, aber keine davon ist gut genug. Ich stottere, druckse herum, finde keine Worte, deshalb legt Linus nach: „Du wolltest Paul erstechen, oder?" Wie kann es sein, dass ich es nicht gewesen bin und trotzdem so unter Druck stehe? Dass sich die Augen meiner Mitschüler regelrecht in mich hineinbohren. Alle starren mich an, alle warten auf die einzige Antwort, die sie gelten lassen. Das ist mir alles zu viel. Schwarze Flecken flimmern vor meinem Auge, ich sehe alles nur noch durch einen Nebel. Dann ist es auf einmal dunkel und still.

Kapitel 10
-Nadja-

Meine Mitschüler führen sich auf wie Tiere. Alles ist chaotisch, jeder tut, was er für richtig hält. David tut mir leid. Ich denke nicht, dass er wirklich Klassensprecher werden, sondern nur einen guten Eindruck bei den Lehrern machen wollte. Niemand hört auf ihn. Manchmal schreit er wild in der Klasse rum, dass sie leise sein sollen, aber es hilft nichts. „Du bist doch der Lauteste von allen", sagen sie dann. Solche Idioten. Aber was soll ich machen? Wenn ich David helfe, werde ich vielleicht mit hineingezogen und alle stellen sich gegen mich. Aber heißt es nicht, man soll den Schwachen helfen? Ich entscheide mich für einen Mittelweg. Ein Zettel. Ein einfacher Zettel, mehr nicht. „Lass mich in Ruhe mit deinem Mitleid", sagt er, dabei will ich ihm doch nur den blöden Zettel geben. Ende der Woche mache ich es schließlich auch. Einfach nur in die Hand drücken und wieder umdrehen. David ist schon ein komischer Junge. Sehr selbstbewusst und doch nimmt er jede Kritik persönlich.

Es wirkt auf mich so, als kann sich sein Inneres nicht entschieden, ob er stark und egoistisch oder einfühlsam und ehrlich sein soll. Von weitem sehe ich noch, dass er den Zettel anschaut. Ich hoffe, er nimmt die Einladung an, zur Bibelstunde zu kommen. Die Gruppe würde ihm guttun. Ich will ihm helfen, mit ihm reden. Weil ich mir nicht ganz sicher bin, wie ich mit ihm umgehen soll, frage ich am Abend meinen Vater. Er kennt sich noch besser mit dem Wort Gottes aus als ich und er hat immer einen Rat für mich parat, wenn ich einen brauche. Erst neulich wusste ich nicht, wie ich mit dem ganzen Stress in der Schule umgehen soll, denn ich bin leider nicht die Beste. Zwar lerne ich manchmal mit Nina, aber zur Einser-Schülerin hat mich das noch nicht gemacht. Er riet mir, mich nicht auf alles gleichzeitig zu konzentrieren, sondern jede kleine Hürde Stück für Stück zu überwinden. Das hat wirklich geholfen. Das wird jetzt bestimmt genauso sein. Gerade als wir mit unserer Gesangsgruppe fertig geübt haben, erkenne ich David an der Tür stehen. Inzwischen ist der Jugendraum voller Leute, die sich, während wir geübt haben, leise unterhalten oder schon mal gekocht haben. Die Zeit vergeht immer so schnell, wenn ich etwas tue, das ich liebe. David sieht so verloren aus – aber immerhin hat er hergefunden. Ich eile zur Tür und gerade als ich ihm die

Hand geben will, rempelt mich jemand von hinten an und ich falle ihm entgegen. Er bleibt stehen und umarmt mich einfach. Wie peinlich. Wenn das meine Eltern wüssten … Ein kurzer Blick hinter mich, da erkenne ich Benedikts entschuldigenden Blick. Er hat mich also geschubst. Das ist so ein komisches Ritual, das er mit allen Jungs macht. Sie rennen sich entgegen, springen und stoßen in der Luft gegeneinander. Kein sehr kirchliches Ritual, aber es sieht doch irgendwie lustig aus, wenn die zweite Person viel leichter ist und beim Zusammenstoß wegfliegt. David traut sich endlich in den Raum und setzt sich schließlich neben mich.

Oh nein, ich habe ganz vergessen ihm zu sagen, dass er sich vorstellen muss. Gerade als es mir einfällt, streckt der Leiter der Jugendstunde ihm schon das Mikrofon entgegen. Man sieht David seine Anspannung an, aber er macht es sehr souverän. Nachdem wir eine Stelle im Römerbrief besprochen haben, bleibt David sogar noch zum Essen. Es ist schön zu sehen, wie gut er sich mit den Jungs aus meiner Gemeinde versteht. Vielleicht ist er doch gar nicht so anders. Vielleicht ist er sogar ganz normal und verhält sich nur wegen der Leute aus der Klasse so merkwürdig. Er bleibt sogar zum Kartenspielen, aber leider muss er schon um 23 Uhr gehen. Ich hätte mich gerne noch mit ihm unterhalten. Wegen der Schule, den anderen aus der Klasse und wieso er manchmal so komisch reagiert.

Auch am Montag kann ich nicht mit ihm reden, weil er nicht zur Schule kommt. Ich versuche, mir nicht zu viele Gedanken darum zu machen und spinne lieber andere Pläne: Unsere Französischlehrerin kündigt am Ende der Schulstunde an, dass wir ein Filmprojekt starten werden. Bis Mittwoch können wir uns selbstständig in Gruppen einteilen. Das ist doch perfekt! „Was hältst du davon, mit David in eine Gruppe zu gehen?", frage ich Nina gleich und obwohl sie die Idee nicht so prickelnd findet, weiß ich, dass die beiden ziemlich gut zusammenpassen würden. Bevor sie etwas dagegen tun kann, teile ich sie also in seine Gruppe ein.

Nina ist schon nach dem ersten Projekttag so aufgeregt, dass sie ganze Wörter verschluckt. „Wir können jetzt unser gesamtes Skript wegschmeißen", erzählt sie mir und obwohl sie völlig aufgebracht ist, umspielt ein Lächeln ihre Lippen. „Wir müssen jetzt einen komplett neuen Text schreiben. Eine Liebesgeschichte." Aha, jetzt verstehe ich. Zuerst ist Nina noch sauer auf mich gewesen, weil ich sie in genau die Gruppe von David gesteckt habe. Jetzt aber ist sie überglücklich darüber und bedankt sich sogar bei mir. „Wir können inzwischen total normal reden", schwärmt sie. Das Weglaufen vom Anfang ist kein Thema mehr – sie will trotzdem wissen, was damals los gewesen ist. Es ist kurz vor Mitternacht, Nina ist bei mir und wir bleiben lange auf, unterhalten uns über Jungs und die Schulprojekte. Da kommt auf einmal die Nachricht von Elias. „Davids Seite. Schnell!" Was wir dort sehen schockt uns beide. Nina hat zwar schon erzählt, dass ihre Gruppe Pärchenbilder für das Französischprojekt gemacht hat, aber wieso sind die im Internet? Denkt David, dass er es so schaffen könnte, Nina zu erobern? Gerade als ich denke, zwischen den zwei könnte sich wirklich etwas anbahnen, veröffentlicht er diese Fotos … Keine Ahnung warum, aber die Klasse findet immer einen neuen Weg, David zu piesacken. Kommt er mit einem neuen Laptop in die Schule, schimpfen sie ihn als Bonzen. Immer häufiger macht er die falschen Aufgaben – angeblich, weil es die anderen ihm so gesagt haben, aber die bestreiten es natürlich.

Der einzige Rat, dem ich ihn auf die Schnelle gegeben habe, ist beten. Beten! Ich war einfach total überfordert, dass er mich nach Hilfe gefragt hat. Was hätte ich denn sagen sollen? Dann das mit diesen verdammten Fotos. So ein Idiot! Aber Nina scheint gar nicht sauer zu sein. „Es gibt eben Leute, die ihre Gefühle nicht richtig ausdrücken können", sagt sie, „und die machen deshalb manchmal komische Aktionen." Bei ihrem Lächeln frage ich mich: Ist Nina in ihn verliebt? „Sollen wir ihm sagen, er soll sie löschen?", frage ich zur Sicherheit nochmal nach, aber Nina schüttelt den Kopf. Na gut, ihre Entscheidung, sie muss selbst wissen, was gut für sie ist.

Schon bald trudelt eine Vielzahl an Nachrichten bei Nina ein, alle von unseren Klassenkameraden. „Hast du die Bilder schon gesehen?", fragen die einen. „David macht sich damit strafbar", schreiben die anderen. „Du solltest ihm einen Denkzettel verpassen", fordern sogar manche. Weil ihr das zu blöd wird, schaltet sie schließlich das Handy aus.

Weil sie am Montag nicht zur Schule kommt, belagern sie jetzt David. Als sei er schuld daran, dass sie nicht da ist. Er behauptet, Elias habe ihn gezwungen, die Fotos hochzuladen. Was für ein Quatsch. Elias ist auch in meiner Gemeinde, ist sehr gläubig und sozial. Das kann überhaupt nicht wahr sein. Das würde Elias niemals machen. Außerdem finde ich die Begründung, die Nina sich ausgedacht hat, viel schöner. Dass er es aus Liebe gemacht hat. Nicht aus Zwang.

Nina sollte ihm sagen, dass die Fotos kein Problem für sie sind. Als sie am Mittwoch wieder in der Schule ist, redet sie tatsächlich mit David. Aber nach nicht einmal einer Minute ist das Gespräch vorbei und sie geht mit Michael Mittagessen. David dagegen sieht blass aus. Als hätte er einen Geist gesehen. Einen Geist, der ihn komplett verprügelt hat. „Was hast du ihm gesagt?", stelle ich Nina zur Rede, aber anstatt ihr antwortet Michael für sie. „Sie hat dem Spinner endlich mal die Meinung gesagt." Sie nickt bestätigend, beinahe beschämt. In den darauffolgenden Tagen ändert sich David komplett, er wendet sich von mir ab und macht wieder mehr mit seiner Gruppe. Ich bin deshalb nicht sauer, aber mache mir ein bisschen Sorgen.

Die Jungs sind nicht gut für ihn, will er das nicht erkennen? Aber ich kann ihn nicht davon abhalten, sie zu treffen. Schon nach ein paar Tagen kommt er zu uns in die Gemeinde und will dringend mit mir reden. Zum Glück habe ich mein Zimmer erst gestern aufgeräumt, so kann ich ihn schließlich zu mir einladen.

Wenn ein Junge zu mir kommt, sollten vielleicht nicht überall Klamotten von mir herumliegen. „Hast du den Jungs aus der Klasse irgendwas getan?", frage ich ihn schließlich, weil er mich die ganze Zeit nur anschweigt. Schlimmer noch, er schaut mir nicht mal in die Augen, schaut nur ständig wild im Raum herum. Ist ihm die ganze Situation gerade unangenehm? Da er keine wirkliche Antwort auf meine Fragen gibt, versuche ich ein anderes Thema.

Weil es Nina bisher nicht getan hat, spreche ich ihn jetzt darauf an, wieso er damals weggelaufen ist. Seine Antwort fasziniert und amüsiert mich gleichzeitig. Sie ist fast ein bisschen skurril und unglaubwürdig. Aber das reicht mir noch nicht. Ich muss es einfach wissen. „Findest du sie hübsch?"

Er mag Nina und Nina mag ihn. Es könnte so einfach sein. Sie könnten glücklich zusammen sein, doch die Angst steht ihnen im Weg. Soll ich Nina erzählen, was David mir erzählt hat, nur um die beiden zusammen zu bringen? Nein, ich kann sein Vertrauen nicht ausnutzen.

Am Montag komme ich etwas später in die Schule, weil eine Straße von Dreieich nach Langen gesperrt ist und meine Mutter einen Umweg fahren muss. Zu meinem Glück haben wir Englisch und Herr Brown bemerkt nicht, dass ich zu spät komme.

In der Pause dann plötzlich Sirenen, Krankenwagen, Polizei und wir werden heimgeschickt. Schon am nächsten Tag der Schock: Jemand hat versucht, Paul zu töten. Jedenfalls gehen alle davon aus. Angeblich ist David als einziger im Schulgebäude gewesen, bevor das mit Paul passiert ist.

Weil alle ihre Wut, ihre Verzweiflung, ihre Trauer auf ihn projizieren, klappt er schließlich wie ein Kartenhaus zusammen. Ständig hat Linus ihn nach irgendeiner Penelope gefragt, keine Ahnung wer

das ist, aber sie kommt in jedem zweiten Satz von
Linus vor. Hat sie etwas damit zu tun? Oder tatsächlich David …

Kapitel 11
-Traum-

Alles ist schwarz. Da ist nur Gezwitscher. Ein sanfter Windhauch weht über meinen Körper. Das Gras um mich raschelt. Gras? Ich taste den Boden ab. Nasses, frisches Gras. Ich habe doch eben noch auf Stein gestanden? Ein heller Lichtstrahl leuchtet auf meine noch immer geschlossenen Augen. Wo bin ich? Wurde ich verschleppt? Ausgesetzt? Ich reiße meine Augen auf und stehe auf einer Lichtung mitten in einem Wald. Um mich herum Blumen, Kräuter und von oben scheint die Sonne. Ich schaue liegend zu den Wolken am Himmel hinauf. Es ist so friedlich hier. Da ist es wieder, das Rascheln. Da ist etwas an meiner Hand, irgendetwas. Ich ziehe sie weg, lege sie wieder zurück. Da ist nichts mehr. Nur das Gras der Wiese. Habe ich mir das nur eingebildet? Ich setze mich auf. In der Mitte der Lichtung steht ein einzelner Baum, nur eine Armlänge entfernt. Dort ist irgendetwas eingraviert.

Sie alle werden dich bekämpfen – doch ohne Erfolg, denn ich bin bei dir und beschütze dich. Das verspreche ich, der Herr.
Jeremia 1,19

Ein Vers aus der Bibel. Irgendetwas ist da, jetzt an meinem Fuß. Ein kleiner weißer Fellknäuel. Ich spüre ihn an meiner nackten Haut. Das Fell war weich. Ich knie mich hin, um das kleine Etwas in meine Hand zu nehmen. Ein Kaninchen. Es ist ganz alleine, genauso wie ich. Ich pflückte etwas Löwenzahn und füttere es. Ich lehne mich an den Baum, frage mich, ob das Kaninchen keine Familie hat, die es suchen. Ich finde sie nicht. Was ich aber finde, sind Wege. Viele verschiedene, die aus der Lichtung hinausführen. Keiner ist wie der andere. Der eine ist hell, ein anderer dunkel. Der nächste weg asphaltiert ein weiterer von Tieren zerwühlt. Welchen soll ich nehmen? Es gibt so viele Möglichkeiten. Ich stehe auf und erkenne noch eine Schrift in der Rinde des Baumes.

Ich bin der Weg, ich bin die Wahrheit, und ich bin das Leben!
Johannes 14,6

Was hat das alles zu bedeuten? Das Kaninchen springt auf einmal von meiner Hand und rennt in den Wald hinein. Ich will ihm folgen, aber es ist zu schnell. Kaum ist es weg, beginnt der Boden zu beben. So stark, dass ich mich flach hinlegen muss, auf den Bauch, gespannt, was passiert. Ich erkenne eine riesige Flutwelle, eine Wasserwand, die immer näherkommt. Sie reißt mich mit, drückt mich tiefer, ich bekomme keine Luft, in mir bricht Panik aus, Wasser füllt meine Lungen. Plötzlich ist alles schwarz.

Kapitel 12

Ich reiße die Augen auf. Weiß. Ein schmaler weißer Schrank in einem weiß gestrichenen Zimmer. Unter mir eine Liege mit grünem Überzug. Der Raum kommt mir bekannt vor. Bin ich im Krankenhaus? Was ist passiert? Ich höre Gemurmel hinter der Wand, dann das Klimpern eines Schlüsselbunds. Im Nachhinein kann ich selbst nicht genau verstehen, wieso, aber ich suche hastig nach irgendetwas, mit dem ich mich wehren kann. Ein Besen lehnt neben mir an der Wand. Ich greife nach ihm und halte ihn als Waffe vor mich, wie in diesen Fernsehfilmen. Die Tür geht auf, ganz langsam, und kaum erkenne ich den Schulsanitäter, komme ich mir mit dem Besen richtig dämlich vor. Achso. Der Sanitätsraum. Natürlich. Der Sanitäter zieht bei meinem Anblick die Augenbrauen hoch, schaut mich an als sei ich ein Alien, dann nimmt er mir den Besen ab. „Gut, du bist wach", sagt er, platziert den Besen wieder an der Wand und stellt sich vor mir auf. „Kannst du aufstehen?"

Daheim wage ich nicht, auf mein Handy zu schauen, aber die Neugier übermannt mich.

Über hundert Nachrichten und zwanzig Mails. Dann fällt mir alles wieder ein. „Alles ok?", fragen die einen. „Du hast versucht, Paul umzubringen", behaupten die anderen. „Die Schule ist für die nächsten Tage aufgrund polizeilicher Ermittlungen geschlossen", steht in einer Mail der Schule. Die Polizei werde vorbeischauen, um Befragungen durchzuführen, deshalb sollen wir zwischen neun und dreizehn Uhr Zuhause sein. Bei dem Schlusssatz „Damit wir so schnell wie möglich wieder in den Schulalltag einsteigen können" lache ich freudlos auf. Nichts ist mehr Alltag. Paul wurde angegriffen, verletzt und ist verschwunden. Die meisten Nachrichten sind aber in unserer Klassengruppe. Neben Anschuldigungen und Spekulationen steht auch ab und zu: „Die Polizei war grade da."

Am Mittwoch kommen sie schließlich auch zu mir. Pünktlich um neun Uhr klingelte es an der Tür, vom Fenster aus erkenne ich den Polizeiwagen. Eilig ziehe ich mich an und renne die Treppe runter, um die Tür zu öffnen. „Wollen Sie einen Kaffee?", biete ich auf dem Weg ins Wohnzimmer an, von beiden kommt nur ein knappes „Nein."

Sofort stellen sie mir ihre Fragen. Über mein Leben, meine Freunde, über den besagten Tag. Obwohl ich alles wahrheitsgemäß beantworte, habe ich das Gefühl, sie glauben mir nicht. Allerdings sind es nur oberflächliche Fragen. Keine, die mit der Schule, meinen Gefühlen oder einem Motiv zu tun haben. „Konsumierst du Alkohol oder andere Drogen?", wollen sie irgendwann wissen. Was hat das denn damit zu tun? Ich schüttle den Kopf. Abgesehen davon, dass ich nicht einmal wüsste, wie ich an sowas rankomme, wäre es doch auch ziemlich dämlich, Drogen zu nehmen, wenn man weiß, dass die Polizei vorbeikommen könnte. Ob wir einen Alkoholtest machen können? Na gut. Natürlich habe ich kein Alkohol im Blut. „Wofür ist das wichtig?", will ich wissen, aber die Polizisten sagen nur: „Darüber können wir keine Auskunft geben." Damit hat sich die Befragung erledigt. Weil ich sowieso nicht wirklich etwas unternehmen will – ich wüsste auch gar nicht mit wem – fange ich an, alles aufzuschreiben, was passiert ist.

Irgendwann können wir auch wieder zurück zur Schule. „Kommst du bitte mal mit?", fängt mich Frau Schwarz schon vor dem Unterricht ab und führt mich unter strengen Blicken meiner Klassenkameraden nach draußen. Sie schauen mich alle an, als wüssten sie etwas, was ich nicht weiß. Ich wundere mich, worum es geht. Paul? Ich habe damit doch nichts zu tun. Die einzig logische Erklärung wäre die Mail über Religionsfreiheit und Diskriminierung, welche ich meinem Tutor geschrieben

126

hatte, doch das will ich lieber unter vier Augen klären. Schließlich kommen wir vor dem Büro des Schulleiters an. Sie bittet mich rein und auf einmal stehe ich nicht nur dem Schulleiter und Frau Schwarz gegenüber, sondern auch meinem Klassenlehrer Herr Müller, der Schulpädagogin und den zwei Polizisten von Mittwoch. Also geht es um Paul. „Setz dich", fordert mich der Schulleiter auf. Dann sagen sie etwas, das sich anfühlt, als tritt mir jemand in den Magen. „Die Polizei hat den Verdacht, dass du etwas mit dem Angriff an Paul zu tun hast." Ich glaube, ich höre einen Moment auf zu atmen. „Es wäre besser, ein Geständnis abzulegen." Was soll ich denn gestehen, wenn ich nichts getan habe? Das frage ich auch die Polizisten. Ihre Antwort klingt völlig bescheuert: „Aus einigen Befragungen hat sich ergeben, dass Eifersucht ein mögliches Motiv für die Tat ist." Aus einigen Befragungen hat sich ergeben … Was haben die anderen ihnen bitte erzählt? „Solange wir keine Beweise oder ein Geständnis haben, können wir dich nicht mitnehmen", erklären sie mir weiter. „Aber wir suspendieren dich von der Schule", ergänzt der Schulleiter. „Aufgrund laufender Ermittlungen zu versuchtem Mord."

Sind eigentlich alle bescheuert? Nachdem diese Info durchsickert, behandelt mich meine Klasse wie einen Staatsfeind und schmeißt mich aus der Klassengruppe. Meine Eltern sind wütend und enttäuscht, ich bekomme Hausarrest, Handy- und Computerverbot und halten mich doch allen Ernstes für gefährlich. Sogar meine Eltern glauben mir nicht mehr! Aber irgendwann – nachdem ich alle Comics ausgelesen und absolut nichts mehr allein in meinem Zimmer tun kann – lassen sie Penelope zu Besuch kommen. Eigentlich wollen sie sie wegschicken, aber sie steht wie üblich einfach vor der Tür. Ich habe noch nicht richtig kapiert, dass sie auf einmal in mein Zimmer stürmt, da schnappt sie sich ein Kissen von meinem Bett und schlägt es mir ins Gesicht. Sie sieht verheult aus, Hass glitzert in ihren Augen. Nach ein paar Schlägen bricht sie zusammen und fällt heulend in meine Arme. Weiß sie, dass ich des versuchten Mordes an Paul beschuldigt werde? Ich halte sie einfach nur fest, keine Ahnung wie lange, bis sie sich wieder beruhigt hat. Sie sieht aus, als hätte sie die letzten Tage nichts anderes gemacht, als zu heulen. „Hast du was damit zu tun?", will sie irgendwann wissen und wischt die Tränen mit dem Ärmel von ihrem Gesicht. Ich schüttle den Kopf. Sie scheint mir zu glauben. Zumindest beschimpft sie mich nicht als Lügner. „Ich wollte mich umbringen", sagt sie dann. „Mich genauso fühlen wie er. Dann würde ich ohne Schmerzen und ohne

128

den ganzen Mist darauf warten, bis er zu mir kommt und wir einfach immer zusammen sein können." Sie fängt direkt wieder an zu schluchzen.

Kapitel 13

Die Suspendierung hat zwei Wochen gedauert. Es lässt sich immer noch nichts beweisen, trotzdem verdächtigen mich nach wie vor alle. Die Polizei, die Schulleitung und natürlich meine gesamte Klasse. Nur meine Eltern glauben mir langsam wieder. Alles haben die Polizisten durchsucht: Mein Zimmer, das Haus, mein komplettes Leben. Haben mich auf Drogen und Alkohol getestet, beinahe jeden Tag ist jemand da gewesen oder ich sollte mich bei der Polizei melden. Ich kann keinen Schritt machen, ohne dass sie davon erfahren. Verschwendete Zeit, weil ich habe nichts zu verbergen. Trotzdem steigt die Angst in mir, dass sie irgendetwas finden, das zwar absolut nichts mit der Tat zu tun hat, sie aber trotzdem als Hinweis verwenden. Es ist schwer, keine Fehler zu machen. Jeder macht mal einen Fehler. Doch jeder Fehler von mir könnte das Ende meiner Kindheit und das Ende meiner Freiheit bedeuten. Bin ich überhaupt noch frei? Es fühlt sich an wie ein offenes Gefängnis. Irgendwann frage ich mich – vielleicht weil Penelope so oft davon redet: Wäre es nicht besser, wenn ich mich selbst umbringe? Oder ich könnte den wahren Täter fragen, ob er mich nicht töten könnte? Dann wäre ich wirklich frei. Frei von Angst. Frei von Zwang. Ist das nicht das Paradies? Besser als zu wissen, dass ich in der Schule immer schief angeschaut werde, hinter meinem Rücken über mich geredet wird. Das ist Normalität. Aber wird eine Sache erträglicher, wenn sie dauernd passiert? Wenn man dauernd beleidigt, beschuldigt wird? Sogar die Lehrer. Wenn ich mich melde, werde ich nicht drangenommen. Von niemandem gegrüßt. In den Pausen bin ich alleine, am Schultor direkt am angrenzenden Wald. Tag für Tag. Pause für Pause. Einsam, allein mit den Vögeln und dem Eichhörnchen.

Ich brauche einen Freund. Oder eine Freundin. Besser eine Freundin. Jungs sind komisch zueinander. Beleidigungen sind ganz normal, keiner redet über Gefühle, Ängste. Jungs erzählen sich nichts. Wie gerne hätte ich doch eine Freundin, mit der man stundenlang reden kann. Die einem zuhört und versteht, wie ich bin. Bin ich verrückt geworden? Ich klinge schon fast wie ein Mädchen. Kitschig, aber irgendwie auch wahr. Ich versinke in Gedanken daran, wie ich mit ihr an einem Strand sitzen und in den Sonnenuntergang schauen würde. Wie ich ihre Komplimente machen und sie zum Lachen bringen würde. Weil ich so vertieft bin, merke ich gar nicht, dass sich jemand nähert. Nadja. „Was machst du hier so alleine?", will sie wissen. Als ist das nicht offensichtlich. Kann ich mit ihr reden? Ihr sagen, wie ich mich fühle? Würde sie mich auslachen, wenn ich ihr sage, was los ist? Nein. Ich würde einfach behaupten, dass ich hier entspanne. Aber es geht nicht. Aus meinem Mund kommen einfach keine Worte. „Ist was passiert?", fragt sie weiter, weil ich nicht antworte. Ich schüttle den Kopf. Mehr schaffe ich nicht. Nadja gibt auf. Sie geht zurück zur Schule und ich bin wieder allein.

Leon zieht mich nach dem Unterricht zur Seite. Ich rechne mit Beleidigungen, Anschuldigungen. Aber er fragt: „Kannst du mir Penelopes Nummer geben?" Ich überlege, ob ich sie ihm geben soll. Ob ich das irgendwie gegen ihn benutzen kann, nach allem, was er mir, seit Schulstart, angetan hat. Er und seine Freunde, die am Anfang auch meine Freunde waren. Ich will ihm die Nummer nicht geben! Das kann ich Penelope nicht antun, nicht ohne sie zu fragen. Sie ist völlig fertig. Jemanden wie Leon kann sie gerade absolut nicht brauchen. „Ich frag sie", verspreche ich Leon, aber damit gibt er sich nicht zufrieden. „Komm schon!", drängelt er immer und immer wieder. „Oder magst du mir ihre Nummer nicht geben, weil du auf sie stehst?", schreit er auf

einmal so laut, dass es die ganze Klasse hören kann. „Hast du Paul deshalb versucht umzubringen?"
Eine Woche gehe ich nicht mehr in die Schule. Einerseits, weil Leons Anschuldigung mir schon wieder eine Suspendierung eingebracht hat, andererseits habe ich sowieso keine Lust. Am Donnerstag bleibe ich sogar bis mittags im Bett liegen, ich bin sowieso allein, wieso also aufstehen? Ich muss aber, als es an der Tür klingelt. Bestimmt der Postbote, denke ich und schlurfe im Schlafanzug die Treppe runter. Es ist Nadja. Was macht die denn hier? Sollte sie nicht in der Schule sein? „Wir haben früher ausgehabt", erklärt sie mir, als sie meinen verwirrten Blick bemerkt. Ich deute ihr mit einer Geste, dass sie gerne hereinkommen kann, auch wenn mir ein bisschen unangenehm ist, dass jetzt ein Mädchen in meinem Haus ist. Ich versuche trotzdem, mich so normal wie möglich zu verhalten. In meinem Zimmer schaut sie sich kurz um und setzt sich auf mein noch ungemachtes Bett. Es ist ein komisches Gefühl, dass ein Mädchen in meinem Zimmer ist – abgesehen von Penelope. „Wie geht's dir zurzeit?", fragt Nadja schließlich. Ich will sie nicht mit meinen Problemen belasten, also sage ich nur: „Alles gut." Aber es ist alles andere als gut. Ich bin erschöpft, ich kann nicht mehr. Das merkt sie. „Wirklich?" Nun fällt meine schützende Mauer – und ich

133

erzähle ihr alles. Wirklich alles. Von meinen Gedanken mit Nina, meinen Zweifeln, meiner Ratlosigkeit. Ich rede und rede. So viel, dass Nadja sichtlich überfordert ist und nicht weiß, was für Ratschläge sie mir geben kann. Außer einen: Sie will unbedingt beten, bevor sie geht. „Gott wird dir in deiner Situation helfen." Ich weiß nicht, ob das helfen würde, da mich Gott in diese Situation überhaupt erst hineingebracht hat, aber ein Versuch kann nicht schaden. Als Dank dafür, dass sie mir die ganze Zeit zu gehört hat, versucht hat, mir zu helfen, will ich sie zum Abschied umarmen, bevor sie geht. Das machen Leute, die sich gut kennen oder mögen, zumindest beobachte ich das in meiner Klasse häufiger. Also will auch ich das Mädchen, das mir geholfen hat, umarmen. Aber sie zuckt zurück. „Entschuldige, ich umarme keine Jungs", sagt sie schnell. Ich weiß ja, dass sie sehr mit der Bibel verbunden ist, aber darin steht doch bestimmt nichts davon, dass man das andere Geschlecht nicht umarmen darf? Oder will sie *mich* einfach nur nicht umarmen? Es ist nicht zu ersten Mal passiert, dass mich ein Mädchen versetzt hat, nachdem ich mich nur etwas geöffnet habe. Zuletzt war das in der Grundschule. Ich mochte eine meiner Klassenkameradin sehr, wir verabredeten uns wirklich oft zum Spielen, auf dem Geburtstag des jeweils anderen war es fast schon Pflicht zu kommen. Wir schickten uns jede Woche selbstgebastelte Liebesbriefe und irgendwann fragte sie mich, ob wir denn nicht zusammen sein wollen. Ich fand die Idee super, eine Freundin zu haben und viel mit ihr unternehmen zu können. Ich fühlte mich so erwachsen. Aber nicht einmal zwei Wochen später spielte sie sich nicht mehr so häufig mit mir, traf andere Jungen und wollte in den Pausen nichts von mir wissen. Sie fing zwar meines Wissens keine andere Beziehung an, doch unsere Freundschaft war wie erloschen, als hätte sie nie existiert. Auf dem nächsten Geburtstag war ich nicht einmal eingeladen und nachdem wir die Schule wechselten, brach sie den sehr selten gewordenen Kontakt zu mir komplett ab. Irgendwann, es war am Anfang der sechsten Klasse, brach der Kontakt zu *allen* meinen früheren guten oder auch nicht so guten Freunden ab. Ich wusste nicht wieso, aber es passierte. Anscheinend bin ich nicht der Typ, der glücklich sein darf. Aber dabei habe ich doch eigentlich alles, was man zum Leben braucht. Naja, alles bis auf Freunde. Weil ich habe keine Reserve angelegt wie bei Toilettenpapier. Mein Handy klingelt mich aus den Gedanken. Penelope. Ein gewisser Leon habe ihr geschrieben und behauptet, er habe die Nummer von mir. Was? Woher hat er ihre Nummer? Ich stelle klar, dass er mich zwar danach gefragt, ich sie ihm aber nicht gegeben habe. „Er will sich mit mir treffen", lautet die nächste Nachricht. Ich weiß, wie glücklich es Penelope macht, wenn sich ein Junge für sie interessiert. Ich kann ihr Vorhaben sowieso nicht ändern. Erst jetzt fällt mir auf, dass ich, auch während Nadja da war, die ganze Zeit im Schlafanzug war.

Kapitel 14

An meinem ersten Schultag nach der zweiten Suspendierung treffe ich Benedikt aus der Gemeinde von Nadja. Es fühlt sich komisch an, ihn wiederzusehen. Eigentlich habe ich mich gut mit ihm verstanden, doch wir haben keinen Kontakt miteinander. Er winkt mir aus dem Bus zu. Es ist sowieso schon komisch einen Bekannten in einem Bus oder einer Bahn zu treffen. Noch komischer wäre es aber, wenn ich mit ihm reden müsste. Ich kenne ihn kaum und habe ihn schon seit einiger Zeit nicht mehr gesehen. Über was sollten wir denn reden? Was gefällt ihm überhaupt? Für was interessiert er sich? Ich habe Pech: Der Platz neben Benedikt wird gerade frei. Er winkt mich zu sich und ich tue zuerst so, als sehe ich ihn nicht. Leider funktioniert das nicht ganz so gut wie geplant. Er ruft nach mir, um auf sich aufmerksam zu machen.

Dämlich, wie ich bin, schaue ich natürlich und muss wohl oder übel der netten Geste zustimmen und zu ihm gehen. Er fängt direkt an, mich mit Fragen zu durchlöchern. Weil ich nicht unhöflich sein will, antworte ich. Aber ich halte meine Antworten kurz.

Zu meinem Glück dauert die Busfahrt nicht sonderlich lange, ich muss schon nach drei Haltestellen aussteigen. Bevor wir uns verabschieden, lädt er mich zu so einer Art Fußballturnier morgen ein. Ich habe sowieso nicht viel zu tun und der Sport kommt in der letzten Zeit etwas zu kurz. Deshalb sage ich – obwohl es wirklich komisch ist, dass er mich einlädt –zu. Erst danach fällt mir ein, dass meine Eltern mich fahren müssten. Aber daran will ich noch gar nicht denken.

In der Schule ist es wie immer grauenhaft. Manchmal kommt es mir vor wie ein Irrenhaus. Jeder macht das, was er will, die einen streiten sich über sinnlose Dinge, andere schmieren die Tafel voll oder werfen mit Essen um sich und keinen interessiert es. Nur Nadja sitzt mit Nina in der Ecke. Während die meisten anderen Mädchen wild miteinander diskutieren und sich über den neusten Klatsch unterhalten, sitzen die beiden einfach nur da und schauen auf ihr Handy oder machen nichts. Ich denke schon, dass sie schlafen. Ich gehe hinter ihnen entlang, um zu sehen, was sie machen, aber da sind nur lange Texte auf ihren Handys, die ich in der kurzen Zeit nicht erkennen kann. Ich werde sie nicht darauf ansprechen.

Nicht, nachdem Nina mir so einen starken Korb gegeben hat, dass ich noch immer nicht weiß, wie ich damit umgehen soll. Ich bin noch sehr sauer. Immerhin ist *sie* mir doch hinterhergelaufen. Bei Nadja geht es mir ähnlich. Ich will zwar fragen und ich mag sie sehr, aber ihre Abweisung nach meiner versuchten Annäherung verunsichert mich. Soll ich einfach so tun, als wäre nichts gewesen? Warum mache ich mir über sowas Gedanken? Schon werden diese Gedanken von dem Geschrei der Jungs aus der anderen Klasse übertönt, die reinkommen. Mit lautem Grölen feiern sie Leon, der ihnen mit großem Stolz seinen Plan vorträgt, wie er Penelope herumbekommen möchte. Dieser Plan ist so absurd und gleichzeitig absolut dumm. Das kann ich leider nicht ohne Folgen sagen, deshalb belasse ich es dabei und höre nur zu, wie er jeden Punkt detailliert aufzählt. Es gibt für jeden noch so absurden Zufall sogar einen Notfallplan.

Es fängt damit an, dass er Blumen kaufen will und hört damit auf, dass er Penelope, wenn sie nicht mit ihm ins Bett will, K. O.-Tropfen verabreichen will. Freitag ist es soweit. Selbst wenn ich Penelope von dem Plan erzähle, würde sie das „Date" ganz bestimmt nicht absagen, so besessen wie sie davon ist, bald einen neuen Freund zu bekommen. Als übersieht sie den Ernst der Lage komplett.

Das Fußballturnier ist eigentlich nur eine Spaßgruppe mit immer neuen Teams. Obwohl es ganz schön ist, kann ich mich überhaupt nicht konzentrieren. Die meisten, die dort spielen, sind sowieso besser als ich. Ich habe ja auch seit über sechs Jahren kein Fußball mehr gespielt. Obwohl ich damals auch schon kein guter Fußballer gewesen bin, deshalb habe ich auch aufgehört. Mit der Ausrede, dass ich mich nur auf das Tennis konzentrieren möchte. Jetzt habe ich nichts mehr von beidem.

Was für eine Ironie. Zuerst kann man sich nicht entscheiden, was man wählt und am Ende hat man nichts. Nicht nur weil ich grottenschlecht spiele, bin ich verwirrt, als die anderen behaupten, dass es Spaß gemacht habe und ich gerne jede Woche kommen könne. Bestimmt brauchen die einfach nur jemanden, der der schlechteste ist, um selbst besser zu wirken. Obwohl es sowieso um nichts geht. Aber warum nicht? Ich könnte ja nächstes Jahr wieder mal mitspielen? Nicht mehr dieses Jahr, denn alle Spiele sind gelaufen und im Winter spielt sowieso so gut wie niemand.

Es ist auch schon ein Termin angesetzt, an welchem die Mannschaften gemeldet werden sollen. Es wäre echt bescheuert, wenn ich nicht dabei sein kann. Deswegen entschließe ich mich am Freitagmittag direkt nach der Schule zum Ersten in der Mannschaft zu gehen, um zu fragen, ob ich wieder mitspielen darf. Ich stehe an der Tür und will klingeln, doch ich kann nicht. Ich habe komplett vergessen, was ich sagen will, wie ich es sagen will. Zehn Minuten stehe ich nur draußen herum. Endlich klingle ich. Kevin kommt heraus. Er ist genauso angezogen, wie die „Coolen" aus meiner Klasse, die ich früher Freunde nannte. Lange Jogginghose und Sportjacke. In Schuhen, die jenseits von zweihundert Euro kosten und mit sehr viel Gel in den Haaren. Gepaart mit einem Geruch, bei welchem man denken könnte, dass er in einem Parfümladen arbeitet.

Ich lasse mich nicht länger davon ablenken, ich bin immerhin hier, um mein Anliegen vorzutragen. Ich will es entschlossen machen, mit Nachdruck in der Stimme. Aber aus entschlossen und mutig wird schnell verzweifelt und flehend. In meinem Kopf hat es sich so gut angehört, doch als ich es ausspreche, weiß ich nicht mehr, ob das, was ich sage, so eine gute Entscheidung ist. „Kann ich bitte nochmal bei euch mitspielen?" Kevin grinst mich frech an. „Das muss ich erst mit den anderen aus der Mannschaft besprechen, aber deine Chancen stehen gut." Kaum ist er fertig mit Reden, schlägt er mir vor der Nase die Tür zu und ich höre ihn drinnen lachen.

Was habe ich falsch gemacht? Das frage ich mich den gesamten Heimweg. Dann plötzlich fällt mir ein, dass Penelope heute ihr „Date" hat. Als guter

Freund schicke ich ihr eine Nachricht, wie es gelaufen ist.

Sie antwortet mir auch direkt. Das geht schon den gesamten Nachmittag so. Von der Frage, was sie anziehen soll bis hin zu ständigen Updates alle zehn Minuten. Im Laufe des Abends werden Nachrichten immer offener, was ich auf den wahrscheinlich vorhandenen Alkohol schiebe und schreibe ihr das auch. Denn sie ist sehr klein und kleine Menschen vertragen nicht so viel. Ich will sicher gehen, dass sie sich selbst im Griff hat. „Ich habe gar nichts getrunken", schreibt sie schließlich und nach einiger Zeit – es ist schon nach elf – schreibt sie gar nichts mehr. Vielleicht ist sie eingeschlafen oder ihr Akku ist leer. Aber diese Gedanken beruhigen mich nicht. Es wird nicht besser, als ich auch am nächsten Tag noch nichts von ihr höre. Besser, ich besuche sie und schaue nach, ob auch wirklich alles in Ordnung ist. Statt ihr treffe ich aber nur ihre Katze, welche vor der Haustür sitzt. Ich beschließe, sie zu suchen, aber das ist gar nicht so leicht. Der letzte Standort, den sie mir mitgeteilt hat, ist ein Restaurant, das morgens natürlich geschlossen hat. „Vielleicht ist sie mit Leon nach Hause gefahren?", überlege ich, aber auch er behauptet, nicht zu wissen, wo Penelope ist.

Irgendwas ist hier ganz komisch. Mir fällt nur noch ein Ort ein, an dem wir sie suchen können. Penelope hat mich einmal mitgenommen. Sie hat mir erzählt, hier wolle sie einmal mit einer ganz besonderen Person herkommen. Es ist absurd zu denken, dass sie in Leon diese Person gesehen hat. Trotzdem radle ich weiter aus der Stadt heraus in einen nahen gelegenen Wald. Penelope mag Wälder. Ihren Duft, die Ruhe.

Vor knapp einem Jahr hat sie dann die alte Hütte nahe dem Feld entdeckt, in der Stroh gelagert wird. Schon von weitem sehe ich die geöffnete Tür. Von Penelope ist aber keine Spur. Drinnen ist es dunkel und durch die Fenster fällt nur wenig Licht. Es sieht aus wie in einem Horrorfilm.

Das Licht, das durch Risse in der Wand und kleine Fenster hereinkommt, bricht sich am Staub in der Luft. Wo ist Penelope, verdammt nochmal? Sie muss hier sein. Ich kann mich doch nicht geirrt haben. Ich schaue mich im Raum um und bemerke eine Treppe mit sehr schmalen Stufen, die seitlich an der Wand entlang hochführen.

Ich steige hoch und ein stilles Rascheln wird immer lauter. Oben angekommen erkenne ich, dass es ein Weinen ist. Das Geräusch kenne ich nur zu gut: Es ist das von Penelope. Sie sitzt auf einem Heuhaufen und als sie mich sieht, erkenne ich ein leichtes

Lächeln auf ihrem Gesicht. Aber schnell dreht sie sich weg und schaut beschämt auf den Boden. Als ich ihrem Blick folge, erkenne ich unter einem anderen Heuhaufen eine kleine Getränkedose. Als hätte sie dort jemand versteckt. Ich ziehe sie heraus und bemerke darin eine zerstückelte Plastikverpackung. Ein Zettel. Er ist schon halb abgerissen, trotzdem kann ich das Wesentliche erkennen. „Ketamin."

Was ist das? Ich will direkt im Internet nachschauen, worum es sich dabei handelt, doch wie erwartet habe ich keinen Empfang. Deshalb stecke ich die Dose in meine Jackentasche und komme zu Penelope, setze mich neben sie und streichle ihr über den Rücken. Was ist passiert, verdammt nochmal? Haben Leon und Penelope etwa miteinander geschlafen? Es ist schon fast ein Wunder, dass Penelope nicht schon früher mit einem ihrer vielen Freunde geschlafen hat. Aber wieso jetzt? Wieso er? „Was ist gestern passiert?", frage ich durch meine zusammengebissenen Zähne. Ihre Antwort schockiert mich. „Ich weiß gar nichts mehr." Sie erzählt von dem Restaurant, dass sie Leon hierhergebracht hat und er sie mit Snacks, Decken und Getränken versorgt hat. „Wir haben uns unterhalten und …" Sie zuckt mit den Schultern. „Ich will einfach nur heim." Ich schiebe mein Fahrrad neben

Penelope her zum Bahnhof. Ich bringe sie noch bis zur Haustür, wo sie sich eilig verabschiedet.

Mich lässt das Geschehene aber noch nicht los, weswegen ich nach Frankfurt in ein Café gehe, um darüber nachzudenken, was passiert ist und wie ich jetzt damit umgehen soll. Auf einmal setzt sich ein Mädchen zu mir an den Tisch. „Kann ich mich setzen?", fragt sie, als sie schon längst sitzt und ich schrecke beim Geräusch ihrer Stimme beinahe auf. Ich habe sie gar nicht wahrgenommen. Schnell blicke ich mich um. Alle Tische sind belegt. „Ich bin übrigens Fiona", beginnt sie ein Gespräch, aber ich habe keine Lust zu reden. Da sind die Bilder von vorhin in meinem Kopf. Außerdem ist es mir sowieso schon unangenehm. Was denken denn die Leute, die an uns vorbeigehen? Wir sehen bestimmt aus wie ein Pärchen. Ein komisches Gefühl.

Einerseits will ich eine Freundin, andererseits ist es mir unangenehm mit einem Mädchen allein zu sein, welches nicht meine Freundin ist. Sie redet einfach weiter, ich schaue sie nicht mal an, so sehr überrascht mich ihr plötzliches Erscheinen und ihre Offenheit. „Ich bin mit ein paar Freundinnen hier verabredet, komisch, normalerweise bekommt man immer einen Tisch. Dich habe ich hier aber noch nie gesehen, bist du aus der Nähe?" Ich muss gar nicht antworten, weil in dem Moment kommen auch noch ihre Freundinnen vorbei, auf welche sie gewartet hat. Da ich meine Schokolade schon getrunken habe, gehe ich leise weg und fahre mit der Bahn zurück nach Hause. Nicht, ohne mich nicht nochmal nach dem seltsamen Mädchen umzudrehen, das sich einfach so zu mir gesetzt hat. Aber leider kann ich sie nicht genauer ansehen, weil die anderen mir die Sicht auf sie versperren. Irgendwas ist anders an ihr, doch mir will es nicht einfallen. Schnell kehren meine Gedanken zu Penelope zurück.

Ich weiß nicht, was ich tun soll. Leon darauf ansprechen, was passiert ist? So tun als wäre nichts gewesen? Zuhause hänge ich meine Jacke auf und eine Dose kullert aus ihr heraus. Die habe ich komplett vergessen. Ich sammle sie auf und setze mich an den Computer, um nach diesem „Ketamin" zu recherchieren. Das, was ich herausfinde, ist mehr, als ich mir ausmalen will. Ein Mittel zur Schmerzlinderung und zur Beruhigung. Wird meist bei Depressionen eingesetzt. Ist Penelope depressiv? Wieso hat sie mir davon noch nicht erzählt, dass sie etwas gegen ihre Depression nimmt? Ich lese weiter und mir wird klar, dass wahrscheinlich dieses Medikament die Gedächtnislücke hervorgerufen hat. Hat vielleicht Leon ihr das Medikament gegeben, nur damit Penelope alles vergisst, was passiert? Aber wieso? Ich will gar nicht daran denken, was er damit alles hätte anstellen können. Mit einer wehrlosen Person, die ihm völlig ausgeliefert ist, ohne anschließend noch etwas davon zu wissen. Wie kann ein Mensch zu so etwas fähig sein? Diese Frage sollte ich mir aber noch öfter stellen, denn im nächsten Moment klingelt mein Handy. Kevin. „Wenn du in die Mannschaft willst, musst du zuerst eine Mutprobe ablegen." Das ist der Moment, in dem ich direkt wieder auflege.

Kapitel 15

Er kann seinen Satz nicht einmal beenden. Ich will gar nicht wissen, was das für eine Mutprobe sein soll. Sowas kann ich nicht leiden. Das geht nie gut aus, wenn man sich darauf einlässt. Das schriebe ich Kevin direkt nach dem Telefonat auch. „Lass es dir einfach durch den Kopf gehen", antwortet er und schickt mir eine Beschreibung der Mutprobe. Ich überfliege die Nachricht nur. Kaum bin ich fertig, löscht Kevin sie schon wieder. Es geht wohl nur darum, eine Person hinters Licht zu führen. Was soll das denn für eine Mutprobe ein? Das klingt einfach. Fast schon zu einfach. Deshalb gehe ich schließlich doch darauf ein. Immerhin hilft es mir, wieder in die Tennismannschaft zu kommen.

Ein kleiner Streich wird schon nicht mein gesamtes Leben versauen. „Komm am Sonntag zu den Umkleiden der Tennisanlage, dann erkläre ich dir alles weitere", tippt er. Was soll das Ganze? In den nächsten Tagen läuft alles wie gewohnt und ab und zu rede ich sogar mit Nadja. Das ist schon ein echter Vorteil daran, von allen ignoriert zu werden. So kommen immerhin keine blöden Kommentare, wenn ich in der Öffentlichkeit mit einer weiblichen Person rede, was mir sowieso schon peinlich genug ist. Blöd nur, dass sie sich alles merken, was sie irgendwann einmal gegen mich verwenden können.

Am Freitag kann ich dann nicht anders. Ich bin so aufgeregt wegen dem Gespräch mit Kevin, ich muss mit jemandem darüber reden. Penelope ist keine Option, sie hat selbst genug Probleme im Moment. Deshalb sage ich es Nadja. Sie aber klingt sehr skeptisch. „Bist du dir sicher, dass das eine gute Idee ist?", will sie wissen und ich nicke eifrig. „Das ist meine einzige Möglichkeit, in die Mannschaft zu kommen." Nadja zuckt mit den Schultern. „Aber du könntest die Person damit verletzen." Sie kapiert es nicht. Ich schüttle den Kopf. „Ich soll jemandem einen Streich spielen und nicht kränken", erkläre ich, aber sie will es nicht akzeptieren. Das macht mich ein bisschen wütend. Was weiß die schon? Immerhin hat auch sie mich bereits gekränkt und es nicht einmal bemerkt. Bevor ich sie darauf ansprechen kann, klingelt die Glocke zum Ende der Pause. Trotzdem hängen ihre Bedenken weiter in meinen Gedanken.

Vor lauter Aufregung bin ich am Sonntagmorgen schon früh wach. Kevin wartet bereits auf mich am Tennisplatz. „Ich habe gehört, du stehst neuerdings auf Nadja, nachdem es mit Nina nicht geklappt hat", beginnt er das Gespräch und ich kann es kaum fassen. Woher hat er denn jetzt diesen Schwachsinn? Kennt er etwa meine Klassenkameraden? Was erzählen die denn für einen Mist herum? Schon jetzt merke ich, dass ich lieber nicht zu dem Gespräch hätte kommen sollen. „Ich stehe nicht auf Nadja", betone ich und füge hinzu: „Ich wollte auch nichts von Nina."

Eine Lüge, aber ich sehe keinen anderen Ausweg. Er glaubt mir nicht, das erkenne ich in seinem Blick. Deshalb sagt Kevin: „Wenn du in unsere Mannschaft willst, dann spiel Nadja vor, dass du Gefühle für sie hast. Wenn sie die erwidert, lachst du sie einfach nur aus." Das ist gemein. Das kann ich auf gar keinen Fall machen. Gut, im Moment bin ich so wütend auf sie, dass ich sogar kurz überlege, dass sie es verdient hätte. Andererseits mag ich sie wegen ihrer Ehrlichkeit und Hilfsbereitschaft. Ich will sie nicht demütigen. Höchstens ein klein bisschen verletzen. Aber ich habe keine Wahl. Wenn ich in die Mannschaft will, dann muss ich es tun. Deshalb willige ich ein. Ich überlege, es vielleicht nur so aussehen zu lassen, mir irgendwas zu überlegen, um die Mutprobe zu umgehen. Aber diesen Gedanken verwerfe ich aber schnell wieder. Kevin kennt meine Klassenkameraden. Sie würden ihm erzählen, wenn alles normal bleibt. „Du hast bis zu den Ferien Zeit", sagt Kevin noch und ich schaue ihn mit großen Augen an. „Die sind in einer Woche", stelle ich entsetzt fest und er nickt nur. Wie soll ich das anstellen?

„Wie ist deine komische Mutprobe gelaufen?", will Nadja in der Schule direkt wissen. Obwohl ich es ihr nicht antun will, kann ich nicht anders. Ich will unbedingt wieder in die Tennismannschaft. Deshalb lüge ich: „Ich soll dich nur zum Essen einladen." Sie zieht eine Augenbraue hoch. „War da nicht was mit ‚hinters Licht führen'?", hakt sie nach und ich sage schnell: „Das muss ich dann bei einer anderen Person machen." Sie wirkt noch immer skeptisch, aber fragt nicht weiter nach. „Also, wie wäre Mittwoch?" Sie willigt ein. Mir wird nur schleichend bewusst, was das bedeutet

Ich muss die einzige Person verletzen, die in der ganzen Zeit zu mir gehalten hat. Aber es geht nicht anders. Ich versuche wirklich, eine andere Lösung zu finden, aber leider gelingt mir das nicht. Ich kann nichts dagegen machen. Wenn ich wieder in der Mannschaft spielen will, muss ich diese Mutprobe bestehen.

Wir treffen uns in einem Studenten-Restaurant mitten in Langen. Bevor ich das durchziehe, will ich ein paar Dinge klären. Zum Beispiel, warum sie mich nicht umarmen will. Irgendwie hoffe ich, die Antwort macht mich noch wütender – und es fällt mir leichter, sie zu hintergehen. „Vor allem körperlicher Kontakt mit Jungen ist mir nicht gestattet", erklärt sie. „Meine Eltern sind sehr christlich, wir haben darüber geredet." Mist, also hat sie es nicht gemacht, um mich zu verletzen? Wir bestellen Nudeln und Pizza und bevor das Essen kommt, verschwinde ich nochmal auf der Toilette. Auf einmal kommt eine Person rein, dessen Stimme ich direkt erkenne. Kevin. „Vergiss nicht, dass du einen Job zu erledigen hast und nicht zum Vergnügen da bist", sagt er mit bedrohlich tiefer Stimme. Was hat er hier verloren? Mir ist auch ohne seine Anweisung klar, dass ich das heute irgendwie hinkriegen muss, aber zu wissen, dass er mich dabei beobachtet, macht alles nur noch schlimmer. Es muss doch eine andere Lösung geben. Oder soll ich es einfach lassen? Gibt es denn wirklich keine andere Möglichkeit? Nein, es gibt keinen Ausweg. Das Essen ist lecker und nicht zu teuer und Nadja und ich haben einen wirklich schönen Abend.

Alles passt, wir reden ohne peinliche Pause und wenn ich genauer darüber nachdenke, kommt es mir vor, als ist es eine wunderbare Verabredung. Selbst nach dem Essen geht uns der Gesprächsstoff nicht aus. Wir unterhalten uns über die Lehrer an der Schule, über Sachen, die wir später einmal machen wollen und sonstige Dinge. Es ist insgesamt ein gelungener Abend. Nachdem wir bezahlt haben, gehen wir raus, um uns zu verabschieden. Jetzt wäre eigentlich der Moment, um die Bombe zum Platzen zu bringen. Doch irgendwas sagt mir, dass ich es nicht machen sollte.

Ich kann ihr das nicht antun. Ich schaue mich nach Kevin um und erkenne ihn, wie er mit ein paar anderen Leuten am Fenster sitzt und herausschaut. „Wollen wir ein paar Schritte laufen?", frage ich Nadja deshalb und wir spazieren noch eine Weile durch die Innenstadt. Die Geschäfte sind bereits geschlossen, aber trotzdem sind noch ein paar Personen unterwegs, die aus Restaurants kommen und auf dem Weg zur Straßenbahn sind. Irgendwie gefällt es mir, mit Nadja in der Dunkelheit herum zu laufen. Als wir weit genug von Kevin und den anderen entfernt sind, beschließe ich, ihr die Wahrheit zu sagen. Die komplette Wahrheit. Ich erzähle ihr von dem tatsächlichen Ziel der Mutprobe und sage, dass ich sie als Freundin wirklich gern habe, mit ihr über alles reden kann. „Wie ein guter Freund, nur weiblich", erkläre ich ihr und erwarte, dass sie dankbar für meine Ehrlichkeit ist und sogar stolz, weil ich nicht tue, was sie mir aufgetragen haben. Aber ihre Reaktion ist anders als gedacht. „Du bist so ein Idiot!", brüllt sie und ich erschrecke sogar ein bisschen. „Wie konntest du auf den Schwachsinn eingehen?" Ich will mich rechtfertigen, finde aber nicht die richtigen Worte.

Nadja lässt mich auch gar nicht wirklich ausreden. Sie schreit noch: „Lass mich einfach in Ruhe!" Damit dreht sie sich um und geht. Sie hat Recht. Ich bin ein Idiot. Es ist doch eigentlich so gut gelaufen. Aber ich muss mir wenigstens nicht den Vorwurf machen, dass ich etwas Unrechtes getan habe. Nein, ich könnte beim besten Willen keine Gefühle für Nadja entwickeln. Nach dem Korb von Nina habe ich versucht, für jemanden anderes etwas zu empfinden, doch das geht nicht. Mein Herz will sie irgendwie noch nicht loslassen. Das zu ignorieren, gelingt mir nicht.

Am selben Abend liege ich noch lange wach und überlege, ob es nicht noch eine bessere Lösung für mein Problem gegeben hätte. Aber ich finde keine. Ich weiß nicht, ob es die Geschehnisse verschlimmern wird, trotzdem beschließe ich, Nadja noch eine Nachricht zu schreiben. „Es war ein echt schöner Abend", tippe ich, „aber schade, dass er so geendet hat. Ich hoffe, du verzeihst mir das irgendwann." Bereits am nächsten Tag bedankt sie sich in der Pause sogar bei mir für die Worte und jetzt endlich auch dafür, dass ich so ehrlich zu ihr gewesen bin. Gerade will sie mich wieder mit meinem Pausenbrot allein lassen, da sagt sie mit einem Lächeln auf den Lippen: „Ich bin ganz erstaunt, dass du nicht weggelaufen bist." Sie hat recht. Ich bin auch erstaunt von mir selbst. Ich bin im Vergleich zu meinen Begegnungen mit Nina wirklich selbstbewusst mit der Situation umgegangen.

Seit der Anschuldigung wegen versuchtem Mord bin ich viel selbstbewusster geworden, ich kann sogar langsam normal mit Mädchen reden und vor den Polizisten habe ich auch keine Angst mehr. Die Ermittlungen laufen noch, doch es wurde immer ruhiger um den Angriff an Paul. Bis jetzt wissen wir nur, dass er lebt und umgezogen ist. Niemand weiß wo er jetzt ist oder was er jetzt macht. Aber wer kann es ihm das schon verübeln? Er kann sich an nichts mehr erinnern und es gibt keine Eindeutigen Beweise. Die Gefahr, dass er nochmal angegriffen wird wahr ihm bestimmt zu groß.

Die Herbstferien verbringe ich mit meinen Eltern – welche mir langsam wieder vertrauen – auf Rhodos, einer griechischen Insel. Wir fahren zu einer riesigen Hotelanlage am anderen Ende der Insel und jeden Morgen gibt es eine große Anzahl an Sportangeboten, mit denen ich mir die Zeit vertreibe. Von Darts spielen über Kanufahren, bis Bogenschießen ist alles dabei. Nur das Abendangebot ist etwas langweilig.

Die Aufführungen sind nicht ganz so gut wie gehofft: Gesangseinlagen von Leuten, die überhaupt nicht singen können und der Tontechniker ist anscheinend auch nicht gerade eine hellhörige Person. Deshalb sitzen wir meistens an der Poolbar und trinken Cocktails.

Von dort aus beobachte ich die Urlauber. Jeder hat abends jemanden. Es gibt die Pärchen, die ständig zusammen kuscheln und sich alle zehn Minuten abknutschen. Dann gibt es noch die Rentner, sie werden von den meisten „Dodos" genannt, weil sie immer als Gruppe unterwegs sind und überall alles verstopfen – besonders am Buffet. Außerdem sind da die Eltern, die abends ihre Kinder suchen, um sie ins Bett bringen zu können. Als letztes gibt es dann noch mich, der neben seinen Eltern sitzt. Alleine ohne gleichaltrige Personen, mit denen ich abends noch etwas machen kann. Wie es wohl wäre, wenn ich eine Freundin hätte und die dabei wäre? Ich denke mir Sachen aus wie ein Strandspaziergang im Mondlicht oder ein Cocktail im Sonnenuntergang an der Strandbar.

Ob ich je eine Freundin haben werde? Meine Eltern unterhalten sich über Dinge, die mich überhaupt nicht interessieren, deshalb schreibe ich oft mit Penelope. Sie ist so anders zu mir. „Hier ist es gerade ätzend langweilig", schreibe ich, „und ich hätte echt gern eine Freundin dabei." Ihre Antwort ist komischerweise: „Das ist nicht mein Problem." Will sie mich verarschen? Ich habe ihr bei allem geholfen und versucht, ihr immer beizustehen, egal um was es geht, und sie kommt mir damit? Ich will nicht nachfragen, also schreibe ich ihr einfach nicht mehr. Stattdessen verfolge ich die Fotos, die sie im Internet postet. Erstaunlich oft ist auch Leon zu sehen. Warum sie mit dem Kerl rumhängt, der sie angeblich verletzt hat, muss ich nicht verstehen. Wenn sie denkt, dass das der richtige Weg ist, dann soll es so sein.

Der Urlaub geht meiner Meinung nach viel zu schnell wieder vorbei. Abends ist es zwar sehr langweilig, dafür sind die Tage super. Ehe ich mich versehe, bin ich wieder im kalten, mit Laub befallenen Deutschland und die Schule geht wieder los. Aber etwas ist anders. Meine ehemaligen Freunde kommen montags ab und zu nicht mehr in den Unterricht.

Auch donnerstags sind sie hin und wieder weg und sie gehen regelmäßig früher. Angeblich wegen Kopfschmerzen. Dass sie gut einmal die Woche einen Kater haben, sieht man ihnen offensichtlich an. Wenn das so weitergeht, bekommen sie bestimmt noch eine Alkoholvergiftung. Von Penelope höre ich in den kommenden Wochen nichts, bis auf ein paar Erzählungen von Klassenkameraden, die wohl mit ihr und ein paar Freundinnen feiern waren. Aber am Freitag kurz nach den ersten Klausuren kommt sie plötzlich an meine Schule. „Ich muss dir was erzählen", sagt sie aufgeregt und kommt mit mir heim. „Ich bin jetzt mit Leon zusammen." Ich schüttle leicht den Kopf. Ist das ihr Ernst? „Nach allem, was passiert ist?" Penelope nickt. „Klar war ich am Anfang sauer, aber er hat mir die ganze Geschichte erklärt und es war gar nicht so wild." Ich überlege, ihr von den K. O.-Tropfen zu erzählen. Aber würde das ihre Gefühle verletzen? Bald verabschiedet sie sich, denn sie muss zum Tennistraining. „Aber wenn du Lust, hast komm heute Abend mit in den Park. Ich bin dort mit ein paar Freunden was trinken."

Zum Glück habe ich gar keine Zeit dafür. Ich muss einen Dialog für den Französisch-Unterricht schreiben und auswendig lernen. Weil meine Gruppe – die leider aus meinen ehemaligen Freunden besteht – lieber feiern gehen, bleibt das eben an mir hängen. Ich schicke ihnen das Konzeptblatt, obwohl ich genau weiß, dass niemand von ihnen es sich überhaupt anschauen wird.

Kapitel 16
-Penelope-

Wer ist zu so etwas fähig, verdammt nochmal? Ich bin kaum mehr als ein paar Wochen mit Paul zusammen und jetzt soll jemand versucht haben, ihn umzubringen? Die Ermittlungen laufen auf Hochtouren und von allen Seiten hört man etwas anderes. Versuchter Mord, versuchter Selbstmord, keiner weiß, was passiert ist. Die Eltern von Paul mögen mich nicht wirklich und deshalb geben sie mir trotz Betteln und Flehen keine Informationen. Vielleicht denken sie auch, dass ich Paul angegriffen habe oder dazu gebracht habe, sich fast selbst umzubringen. Aber wieso sollte ich meinem Freund so etwas antun? In der Woche, in der die Befragungen stattfinden, kann ich kaum schlafen. Ich muss einfach wissen, wer Paul das angetan hat.

Es gibt wilde Spekulationen. Die häufigste davon ist, dass David etwas mit der Sache zu tun hat. Das kann ich mir nicht vorstellen. Wieso sollte er versuchen, meinen Freund umbringen? Ist er vielleicht eifersüchtig? Ich dachte, er und ich sind besten Freunde und er will nichts von mir. Aber schon am

Montag gibt es Klarheit: David wird vorläufig suspendiert, da er im Verdacht steht, Paul angegriffen zu haben. Ich kann die Emotionen gar nicht beschreiben, die mich übermannen. Mein bester Freund wollte mein Glück umbringen? Mein bester Freund hat versucht, den Menschen zu erstechen, der mir am wichtigsten ist. Mein bester Freund hat alles vernichtet, das ich bisher mein Leben genannt habe? An dem Vormittag, als diese Nachricht kommt, kann ich nicht länger in der Schule bleiben. Nein, ich muss raus. Aber anstatt nach Hause zu gehen, klingle ich bei David. Seine Mutter macht mir auf und noch bevor sie etwas sagen kann, husche ich an ihr vorbei. David sieht mich etwas überrascht an, aber das ist mir egal. Schnell schaue ich mich nach etwas um, das ich ihm entgegenwerfen kann. Die Gitarre in der Ecke, wäre wahrscheinlich zu übertrieben gewesen. Deshalb entschied ich mich für sein Kopfkissen. Ich schmettere es gegen sein verdutzt schauendes Gesicht.

Schließlich breche ich in Tränen aus. Ich hätte schon gedacht, ich habe keine mehr übrig, weil ich die vergangene Woche schon fast durchgehend geweint habe. Ich habe keine Kraft mehr und lasse mich auf Davids Schoß fallen und sinke gegen seine Brust. Das Leben ist so scheiße zu mir. Hat es dann überhaupt noch einen Sinn? Das habe ich mich schon häufiger gefragt. Ob es nicht sinnvoller wäre, wenn ich mich selbst umbringen würde. Das würde allen helfen, jeder hätte es leichter ohne mich. Paul ginge es noch gut. Früher habe ich immer gedacht, dass ich alleine mit dreißig Katzen enden würde. Aber Paul hat mir gezeigt, dass es auch anders sein kann. Jetzt ist er weg. Wenn ich auch gehe, könnte ich spätestens in Ewigkeit bei ihm sein, oder nicht? „Hast du was damit zu tun?", frage ich kraftlos und ich erwarte schon, dass er nein sagt, bevor er es tut. Ich hätte es auch nicht glauben, nicht verkraften können. Aber wer war es dann?

Ich bin allein. Zuhause ist niemand, der auf mich gewartet hat und es fühlt sich so an, als wird es immer so sein. Einsam. Kalt. Als gibt es keinen Grund mehr. Nichts mehr, wofür es sich zu leben lohnt. Die Vorstellung zu sterben macht mir Angst. Trotzdem suche ich im Internet nach Methoden. Tabletten, Strom, mit einem Seil oder wenn man von einer Brücke springt. Es gibt viele Möglichkeiten. Ein Seil? Das sieht kompliziert aus. Das probiere ich aus. Weil ich es sowieso nicht schaffen werde. Ich finde tatsächlich einen Strick im Haus und alle Adern ziehen sich in mir zusammen. Es ist ein gespenstisches Gefühl. Das Gefühl von Einsamkeit und Leere. Die Aufregung. Das Seil richtig zu knoten ist keine Kunst. Es ist einfacher als es aussieht.

Das spornt mich noch weiter an – und schockiert mich gleichermaßen. Zu was bin ich geworden? Das bin doch nicht mehr ich. Was mache ich hier überhaupt? Ich sitze noch lange vor der fertig geknoteten Schlinge und denke nach. Ich könnte mein Leben innerhalb von ein paar Minuten beenden. Dann hätte ich keine Probleme mehr. Deshalb beschließe ich, dass es dieses Wochenende soweit sein soll. Aber ich schaffe es nicht. Ich habe es versucht, wirklich, aber die Angst ist zu groß. Auch am darauffolgenden Wochenende komme ich nicht dazu. Meine Eltern nehmen mich mit auf ein Konzert, zu dem Papa eingeladen worden ist. Aber das ändert nichts an meinem Vorhaben. Die Nachricht, die mich aber schließlich erreicht, schon. Sie kommt von Leon aus der Klasse von David. Er findet mich anscheinend sehr hübsch und will sich am Freitag mit mir treffen. Bevor ich lange darüber nachdenken kann, sage ich zu. Es kann nicht schlimmer werden, als es jetzt schon ist und vielleicht bringt er mich auf andere Gedanken. Als ich David davon erzähle, ist er außer sich. Ich weiß, dass er Leon nicht leiden kann, und die Tatsache, dass ich mich mit ihm auf ein Date treffen will, begeistert ihn nicht gerade. Aber mir ist egal, was er mir für Dinge erzählt, die Leon angeblich angestellt haben soll. Ich lasse mir das Glück nicht verderben. Wahrscheinlich ist David sowieso nur neidisch auf mich. Nur weil er keine Freundin findet und ich schon. Nur weil mich Jungs attraktiver finden als ihn die Mädchen. Außerdem tut mir die Aufregung gut. Ich vergesse nämlich völlig, mich umzubringen. Es ist ganz neu für mich, dass ein Junge mich fragt, ob wir etwas unternehmen wollen. Sogar bei David musste ich ihn nach seiner Nummer fragen. Er hätte mich bestimmt nie angesprochen, hat mich nicht einmal wahrgenommen.

Am Freitagabend holt mich Leon bei mir zuhause ab. Ich habe mich extra frisch gemacht. Mein letztes Date ist viel zu lange her. Mit Paul bin ich ab und zu etwas trinken gegangen oder wir haben Karten gespielt. Nichts, wofür ich mich schick anziehen musste. Wir essen beide eine Pizza mit Pilzen. Als Vegetarierin ist das meine Lieblingspizza. Bei Leon bin ich mir nicht sicher, ob er sie auch mag oder ob er sie nur deshalb isst, weil ich kein Fleisch mag.

Wir unterhalten uns noch lange, bis der Kellner uns schon fast rausschmeißt. Er ist schon dabei, die Tische abzuwischen, also bezahlen wir endlich. Was heißt: Leon bezahlt. Ich will schon mein Portemonnaie herausholen, doch er besteht darauf, die Rechnung zu übernehmen. Er ist so lieb zu mir. Ein richtiger Gentleman. „Willst du noch mit zu mir?", fragt er, bevor ich mich für den Abend bedanken und verabschieden kann. Dieser Ton in seiner Stimme gefällt mir überhaupt nicht. Es ist so ein Ton, welchen ich nur von Filmen kenne.

In diesen Filmen küssen sich die beiden Protagonisten und danach geht es zur Sache. Aber das will ich nicht. Schon gar nicht will ich zu ihm nach Hause. Dafür kenne ich ihn nicht gut genug. Aber heimgehen will ich andererseits auch noch nicht. „Ich hätte eine andere Idee", sage ich deshalb und schlage ihm vor, zu der Hütte am Waldrand zu gehen. Dort könnte ich jederzeit einfach abhauen, wenn ich wollte. Wir spazieren los und weil es schon dunkel und inzwischen ziemlich kühl ist, frage ich Leon nach seinem Pullover. Ich stülpe ihn mir über den Kopf und er legt eine Hand um eine Hüfte. Ein schönes Gefühl, jemanden bei mir zu haben. So brauche ich keine Angst in der Dunkelheit zu haben. Zumindest nicht ganz so viel. In der Hütte steigen wir die Leiter hinauf auf die Empore und machen es uns auf dem Heu bequem. Leon holt zwei Bierdosen aus der Jackentasche und gibt mir eine davon. Eigentlich will ich nur reden, Zeit mit ihm verbringen, aber immer wieder versucht er, sich anzunähern. Das geht mir zu schnell, das versuche ich ihm auch zu zeigen, aber es scheint ihn gar nicht zu interessieren.

Dann fragte er wieder mit diesem verführerischen Ton: „Willst du wirklich nicht mit zu mir? Es wird dir gefallen, das verspreche ich. So viel Spaß hattest du bestimmt noch nie." „Es wird heute nichts passieren zwischen uns", versuche ich nochmal, ihm klarzumachen. Und endlich scheint er es zu kapieren. „Sei so lieb und hol mir ein Handy aus der Jacke auf dem Stuhl neben dir. Ich muss unbedingt ein Erinnerungsfoto von heute machen", bittet er mich schließlich. Ich suche in den Taschen, aber ich finde sein Handy nicht. Irgendwann sehe ich es daneben liegen, etwas unter dem Heu versteckt. Als ich es ihm entgegenstrecke, grinst er ganz komisch. Ein triumphierendes Lächeln. Das gefällt mir nicht.

„Was ist los?", frage ich deshalb misstrauisch, aber Leon antwortet nur: „Ich bin so froh, hier bei dir zu sein." Wie süß. Warum mache ich mir eigentlich Sorgen? Er hebt seine Dose an, um mit mir anzustoßen und wir trinken ein paar Schlucke. Ich kann nicht ganz genau sagen, warum oder wie, aber auf einmal wird mir ganz anders. Ich sehe etwas verschwommen und alles fühlt sich gut an, irgendwie richtig. Ist das der Alkohol?

Das nächste, an das ich mich erinnere, ist Davids Stimme. Es ist schon Morgen? Zumindest kommt etwas Tageslicht in die Hütte. Irgendwann sehe ich David schließlich die Treppe hochkommen. Er wirkt aufgeregt. Irgendwas muss passiert sein. Mein Kopf tut weh und mir ist unwohl. David durchlöchert mich mit Fragen, während ich nur versuche zu verstehen, was passiert ist. Meine untere Bauchregion tut etwas weh, vielleicht vom Alkohol. Wo ist eigentlich Leon? Wann bin ich eingeschlafen? Hat er mich hier einfach zurückgelassen? Mir tut alles weh. Jeder Schritt, jede Bewegung. Langsam schlurfe ich bis zur Straßenbahn. Daheim angekommen will ich gleich unter die Dusche, aber als ich die Hose ausziehe, erschrecke ich. Sie hat rote Flecke, welche sehr nach getrocknetem Blut aussehen. Ich schmeiße sie schockiert in die Ecke. Kann es wirklich sein? Habe ich mit Leon geschlafen? Wie absurd, doch nicht bei unserem ersten Treffen! Das hätte ich doch gemerkt! Mir fällt ein Zettel auf, der aus meiner Hosentasche fällt. Eine Notiz von Leon.

Danke für den tollen Abend und die wundervolle Nacht.

Ich weiß nicht mehr, was ich denken soll. Bin ich einfach eingeschlafen? Oder war ich so betrunken, dass ich es gar nicht bemerkt habe? Oder hat Leon am Ende etwas getan, das ich gar nicht wollte? Meine Gefühle spielen mit mir, wie mit einem Ball. Leon ist so nett, hat einen echt coolen Style, doch andererseits werde ich das Gefühl nicht los, dass er gestern etwas ohne meine Zustimmung gemacht hat. Aber er kann doch nicht … Wollte er mich nur treffen, um mit mir zu schlafen? Mag er mich eigentlich gar nicht? Ich will nichts mehr von Leon wissen und er anscheinend auch nichts von mir. Zumindest meldet er sich nicht. Eine Woche lang. Dann halte ich es nicht mehr aus und tippe eine Nachricht an ihn: „Du bist so ein Idiot!" Er wirkt nicht gerade verwundert darüber, schlägt vor, bei einem Treffen alles zu besprechen. Also besuche ich ihn – aber ich werde definitiv nicht ins Haus gehen. Darauf bestehe ich. Er müsste mir an der Haustüre erklären, was er mir angetan hat. „Du bist eingeschlafen", erklärt er mir. „Weil meine Mutter dann angerufen hat, wo ich bleibe, musste ich nach Hause." „Das Blut?", frage ich weiter. „Das ist bei euch Mädchen doch normal." Ich nicke stumm und er scheint zu merken, dass ich nicht mehr wirklich sauer auf ihn bin. Trotzdem muss ich ihn fragen: „Haben wir an dem Abend miteinander geschlafen?" „Wäre es denn schlimm?" Bevor ich damit rechnen kann, zieht er mich an sich heran und küsst mich. Nur eine Woche später kommen wir offiziell zusammen.

Kapitel 17

Kaum habe ich das Konzept für den Französisch-Unterricht verschickt, will ich direkt ins Bett gehen. Da klingelt mein Handy. Wer ruft so spät abends noch an? Ich kann es kaum glauben, wer am anderen Ende der Leitung ist: Penelope. „Ich gehe grade heim", erklärt sie und ich verstehe. Sie fühlt sich nicht wohl in den dunklen Straßen von Langen. Es ist nicht das erste Mal, dass sie mich deswegen anruft und meistens reden wir über banale Dinge, um sie abzulenken. Aber dieses Mal redet sie darüber, was passiert ist. „Ich war mit ein paar Leuten was trinken, aber die Polizei durchsucht Langen und vor allem die öffentlichen Plätze inzwischen öfter, seit ein paar Drogen-Vorfällen.

Es waren auch welche aus deiner Klasse dabei." Penelope erzählt, dass sie schon nicht mehr ganz nüchtern gewesen seien, sie hätten schon mittags begonnen, Bier und Apfelwein zu trinken. „Als dann der erste auf die Wiese gekotzt hat, ist die Polizei auf uns aufmerksam geworden." Trotzdem, so erzählt sie, haben sie nicht aufgehört zu trinken. Nein, sie tranken weiter, bis einer taumelnd die Wiese herunterrannte und schrie, dass er wisse wer Paul umbringen wollte. Als sei das nicht genug, lief er danach gegen einen Baum und fiel um. Spätestens dann wurde es Penelope wohl zu viel. „Ich hatte keine Lust auf die Polizei", sagt sie kleinlaut. Noch ein wenig leiser: „Auch keine Lust mehr auf die Leute aus deiner Klasse." „Wer hat behauptet, zu wissen, wer es war?", will ich wissen, aber sie sagt nichts. Also bestimmt Leon.

Kaum ist Penelope zuhause, verabschiedet sie sich und legt auf. Erst jetzt sehe ich die Sprachnachrichten, die Leon und ein paar andere aus der Klasse mir geschickt haben. Was wollen die jetzt von mir? Die wollten mir bestimmt nur sagen – oder eher lallen – wie toll es sei, betrunken zu sein und wie entspannend, nicht zu wissen was man sagt oder tut. Oder die wollen mich fertig machen, obwohl ich nicht einmal dabei bin. Ich frage mich manchmal, was der Reiz hinter den Saufgelagen ist. Wirklich plausible Argumente haben sie mir auch nach häufigem Fragen noch nicht geben können. Ich gehe davon aus, dass in den Nachrichten kein wichtiger und nennenswerter Inhalt enthalten ist, deshalb höre ich sie mir gar nicht erst an.

Nur eine. Von Nadja. „Hey David, du, wegen dem Winterball, den die Schule organisieren will, also der vor den Weihnachtsferien, du weißt schon.

Meinst du, du und einige aus der Technik AG könnt uns unterstützen und die Schultechnik zur Verfügung stellen und bedienen? Das wäre super. Danke schon mal." Ich habe keine Lust mehr, ihr heute Abend zurückzuschreiben, auch wenn die Antwort eindeutig ist: Klar, die meisten aus der AG machen so etwas gern. Ich verschiebe meine Antwort aber auf nächste Woche, wenn ich sie direkt fragen kann, ob sie Lust darauf haben.

Mich wundert es sowieso, dass die Schule so etwas wie einen Winterball zulässt. Normalerweise erlaubte sie nichts, egal welche Ideen die Schüler haben. Ob man auf Klassenfahrt ans Meer oder im Winter eine Skifreizeit organisieren will. Alles ist verboten, „wegen dem Sicherheitsrisiko", da unsere Schule nicht genügend sportliche Lehrer hat, die im Notfall ins Wasser hinterherhechten oder unsichere Skifahrer unversehrt an den Fuß des Berges bringen. Das ist so ätzend.

Am Montag stellt sich heraus, dass die meisten Lehrer sowieso keine Zeit haben, den Ball mit zu organisieren, obwohl das eigentlich so geplant war. Jetzt müssen sich die verbleibenden Schüler allein darum kümmern.

Um ehrlich zu sein, macht es zwar Spaß, etwas zu organisieren, doch es ist mit sehr viel Arbeit verbunden. Trotzdem helfe ich mit. Und weil ich so in das alles eingespannt bin, fällt mir gar nicht auf, dass ein paar Leute aus der Klasse fehlen. Nicht nur wie üblich montags, sondern auch am Dienstag und Mittwoch kommen sie nicht. Irgendjemand erzählt schließlich, dass sie mit Alkoholvergiftungen auf der Intensivstation liegen. Mein Mitleid hält sich in Grenzen. Sie haben es verdient. Jetzt werde ich auch neugierig. Was sie mir wohl am Wochenende für Sprachnachrichten geschickt haben? Also höre ich sie doch an. Am liebsten hätte ich die Dinge direkt wieder vergessen. Nur Gejohle und Sätze wie: „Wir wissen, dass du Paul nicht angegriffen hast, du kommst aber trotzdem in den Knast." Ab und zu höre ich eine Stimme aus dem Hintergrund schreien, die wisse, wer der Täter sei. Das muss Leon sein.

Seine Nachricht höre ich erst ganz zum Schluss. Er flüstert nur, zumindest probiert er es, es gelingt ihm nicht wirklich. Ich weiß nicht, ob er realisiert hat, dass er diese Nachricht mir geschickt hat, denn seine Aufforderung, dass ich es nicht David sagen sollte, kommt nicht nur einmal in dieser Nachricht vor. Was mich aber noch mehr wundert ist das, was Leon in der Nachricht erzählt. „David war es nämlich gar nicht", lallt er und immer wieder unterbricht er seinen Redeschwall mit einem Kichern oder um aufzustoßen. „Ich war das mit Paul." Mir wird heiß. Ich weiß nicht, ob ich ihm glauben soll oder nicht, denn er ist betrunken und dann erzählt er meisten nur Müll. Letztens hat er erst behauptet, dass er sich zum amerikanischen Präsidenten wählen lässt. Aber andererseits wundert mich, dass am Donnerstag fast jeder aus der Gruppe fragt, ob ich denn die Nachricht schon angehört habe. Wissen alle außer mir, was passiert ist? Ist das alles nur eine Verschwörung gegen mich? Ist vielleicht doch etwas Wahres dran? Kann es wirklich sein, dass Leon für Pauls Verletzungen verantwortlich ist? Dafür, dass er jetzt aus Angst umziehen musste? Ich muss die Polizei darüber informieren, oder? Den Verdacht endlich von mir schütteln und mit größter Genugtuung auf Leon, die ganze Gruppe, schieben. Aber was, wenn er mir oder Penelope etwas antut, wenn er erfährt, dass ich ihn verpetzt habe? Aber er kann doch nicht ungestraft bleiben, nach dem, was er Paul angetan hat. Vermutlich angetan hat. Egal wofür ich mich entscheide, es kommt immer eine Person zu Schaden. Wenn ich nichts sage, wird meine Klasse weiterhin probieren, alles auf mich zu schieben. Bestimmt planen die schon wieder etwas.

Zuhause fällt mir ein Brief, auf meinem Schreibtisch, auf. Mama muss ihn hereingebracht haben. Auf dem Umschlag steht eindeutig mein Name, aber wie ich es schon gewohnt bin ohne Absender. Ich öffne das Kuvert und ein kleiner Brief fällt heraus.

Er riecht komisch und ist nur weiß mit einem kleinen blauen Herz in der Mitte. Die Linien der Tinte sind etwas verlaufen, es scheint, als sei der Zettel mit einem Tintenkiller beschrieben worden. Soll das ein Scherz sein? Oder soll das bedeuten, es hat wirklich jemand Gefühle für mich? Wenn ja, wer? Ich werde einfach so tun, als habe ich den Brief nie gesehen. Überlege sogar, ihn zu zerstören. Aber lieber nicht. Trotzdem. Es kann nichts Positives dahinterstecken. Wenn mich wirklich eine Person mag, würde sie es mir bestimmt persönlich sagen.

Nadja will am Montag mit mir über die Vorbereitungen für den Ball sprechen. „Läuft alles nach Plan?", will sie wissen und ich nicke. „Mit wem gehst du hin?", fragt sie weiter.

„Allein. Ich werde nur als Techniker dort sein." Irgendwer muss sich schließlich darum kümmern. „Kann dir da niemand helfen?", hakt sie weiter nach, aber ich schüttle den Kopf. „Ich habe schon allen gesagt, dass ich das übernehme und sie nicht kommen brauchen."

Plötzlich wirkt Nadjas Gesicht nicht mehr so freundlich, sondern eher traurig. Ich will sie nicht nerven, deshalb frage ich lieber nicht, was los ist. Schließlich geht sie zurück zu ihren Freundinnen. Eigentlich hätte ich ihren Rat gebraucht. Wegen Leon und der Nachricht. Aber sie könnte sowieso nicht für mich entscheiden, was ich tun muss. „Willst du mit mir auf den Ball gehen?", kommt am Nachmittag schließlich eine Nachricht von Nadja.

Ich bin überrascht – aber auch etwas glücklich. Damit habe ich nicht gerechnet. Aber dann müsste ich mir eine Vertretung für den Abend suchen, der die Technik übernimmt. Außerdem, wäre es nicht komisch, wenn ich mit einem Mädchen zu einem Ball gehe, für das ich keine Gefühle habe? Der erste Tanz mit einem Mädchen sollte doch etwas Besonderes sein. Was ist eigentlich mit diesem Brief?

Ich beschließe, ihr die Wahrheit zu sagen. „Ich glaube das wäre keine so gute Idee", leite ich die Nachricht ein, in der ich auch von dem Brief erzähle. Immerhin könnte es sein, dass ich das Mädchen einschüchtere, wenn ich mit Nadja zu diesem Ball gehe. Eigentlich habe ich sowieso keine Lust auf den Ball. Bestimmt findet sich dort nur wieder eine Gelegenheit, dass sich meine Klassenkameraden über mich lustig machen. Aber ich kümmere mich nun mal um die Technik.

Außer ich werde ganz zufällig an diesem Abend krank. Es ist nicht unwahrscheinlich, dass man im Herbst einen Schnupfen bekommt. Somit müsste ich mich auch nicht mehr vor Nadja rechtfertigen und laufe nicht Gefahr, dass irgendjemand Witze über mich macht.

Kapitel 18

Nur noch zwölf Stunden bis zum Ball. Alle sind beschäftigt mit Licht und Ton, Dekorationen sowie Getränke und Snacks kaufen. Die Turnhalle steht voller Leitern und Kisten. Ich mache mich gerade auf den Weg in die Abstellkammer, als ich einen lauten Knall höre. Was war das? Ist irgendwas kaputt gegangen? Vielleicht die Sicherung rausgeflogen? Eine Lampe explodiert? Um mich zu vergewissern, laufe ich zurück zur Halle und erkenne, dass nichts von dem passiert ist, was ich erwartet habe. Anscheinend stand eine Leiter nicht sicher auf dem Boden und ist deswegen umgefallen. Zu allem Überfluss ist sie auf einen Kistenstapel gefallen, der jetzt verteilt in der Turnhalle liegt. Erst als ich näherkomme, sehe ich Nadja auf dem Boden liegen. Ihr rechter Arm ist unnatürlich verdreht und ihr linkes Bein ist zwischen der Leiter und den Kisten eingequetscht.

Es fließt auch von irgendwoher Blut. Gemeinsam mit ein paar anderen, die hergeeilt sind, hebe ich die Leiter von Nadja, möglichst ohne sie noch weiter zu verletzen. Das erweist sich als sehr schwierig, da die

Leiter ziemlich schwer ist. Jemand muss einen Krankenwagen gerufen haben, denn der steht ziemlich schnell bereit, um Nadja mitzunehmen. Das war's mit Feierstimmung. Trotzdem müssen wir weiter aufbauen. Erst am Nachmittag werden wir fertig und alle eilen nach Hause, um sich umzuziehen und für den Abend vorzubereiten. Kaum öffne ich die Haustür, erreicht mich schon eine Nachricht von der Schulleitung. „Vielen Dank für euren Einsatz und euer Engagement", überfliege ich die ersten Zeilen und lese nur noch den Schluss, „… müssen wir aufgrund der Ereignisse den Ball absagen." Ich seufze laut auf. So viel Arbeit für nichts? Aber damit können sie die meisten wohl nicht aufhalten. Einige aus der Klassengruppe verabreden sich, trotzdem hinzugehen, um zu trinken. Andere wünschen Nadja gute Besserung. Manche wollen sie besuchen, aber ich entscheide mich dagegen, als ich lese, dass Nina auch dabei sein wird. Aber ich könnte ihr eine Karte schreiben, oder? Nach allem, was sie für mich getan hat. Wäre es nicht das Mindeste? Aber mir fällt nichts ein. Zumindest nichts, was mich zufriedengestellt hätte. Ein Anruf von Leon reißt mich von meinen Überlegungen weg. „Wir sind an der Schule", erzählt er mir und ich glaube, schon den Alkohol herauszuhören. „Du musst unbedingt vorbeikommen." Ich habe keine

Lust, behaupte, etwas zu tun zu haben. Mehr eine Ausrede als eine Begründung. „Ach, komm schon", höre ich jetzt neben Leon auch andere Stimmen aus dem Hintergrund. „Sonst erzählen wir allen, in wen du verliebt bist", droht er plötzlich. Wissen sie von Nina? Oder denken sie, dass es Nadja ist? Soll ich es riskieren und nicht hin gehen, mit der Gefahr, dass sie es rumerzählen und sich alle über mich lustig machen. Dass mir am Ende Nina noch einmal auf mein Herz tritt und mir eine Abfuhr verpasst? Nein, das kann ich kein zweites Mal ertragen. Also muss ich gehen.

An der Schule ist es dunkel. Kein Leon, keine anderen Jungs, er geht auch nicht ans Telefon. Auch höre ich sie nirgends reden, nur das Rascheln der Blätter des Waldrandes. Gespenstisch. Plötzlich kommt jemand aus dem Wald gesprungen, hält mir die Augen zu und führt mich weg. Ich versuche, mich zu wehren, bin aber nicht stark genug. Ich erkenne die Stimme von Leon, welcher den anderen Anweisungen erteilt. Sie schleifen mich in das Schulgelände, dort lassen sie mich schließlich los. Gelächter, als halten sie das alles für einen Scherz. Sie reißen ihre Flaschen hoch und trinken. Ich lehne es ab, als mir jemand seine Flasche entgegenstreckt. Das Zeug schmeckt mir sowieso nicht. Ich sehe mich um und erkenne auch Penelope. Wenigstens eine Person, mit der ich reden kann. Naja, hätte können. Da habe ich mich gewaltig getäuscht. Sie ist auch nur damit beschäftigt zu trinken und ihre Zunge in Leons Hals zu stecken. Die passen gar nicht zueinander. Trotzdem bin ich neidisch, weil sie einander haben. Ich weiß nicht mehr, wie es dazu gekommen ist – vermutlich, weil alle über die Lehrer und Fächer gelästert haben – aber irgendwann wirft Leon einen Stein gegen ein Fenster des Schulgebäudes. Darauf habe ich absolut keine Lust. Ich will schon gehen und auf halben Weg kommen schließlich meine Mitschüler von hinten angerannt und schreien, dass ich mich beeilen soll. Ich folge ihnen bis zum Hauptbahnhof. Gegen Mitternacht taucht dort auf einmal die Polizei auftaucht. Natürlich haben einige meiner Klassenkameraden zu viel getrunken und das merken auch die Beamten recht schnell. „Eure Ausweise, bitte", fordern sie schließlich. Wir alle sind noch unter achtzehn. „Ihr solltet besser heimgehen", sagen die Polizisten, aber Leon kann einfach nicht den Mund halten. Sie wollen gerade gehen, da flüstert er Penelope zu: „Zum Glück haben die blöden Bullen das mit der Schule nicht mitbekommen." Natürlich drehen sich „die blöden Bullen" daraufhin wieder um und durchsuchen uns. Ich habe glücklicherweise nur meine Brieftasche und mein Handy dabei und nichts getrunken.

178

Bei Leon finden sie ein etwas größeres Taschenmesser und eine Flasche Wodka. Er muss mit ihnen kommen, wir anderen sollten heimgehen. Beinahe wundert es mich, dass die Polizisten nicht schon wieder mich unter Generalverdacht gestellt haben. „Weißt du, ob Leon was damit zu tun hat, was mit Paul passiert ist?", frage ich Penelope auf dem Heimweg. Ich schaffe es einfach nicht, seine Sprachnachricht auszublenden. „Spinnst du?", ruft sie. Das ist kein „Nein, hat er nicht." Das lässt mir jetzt keine Ruhe mehr. Ich muss es einfach wissen. Noch in derselben Nacht rufe ich in Langen bei der Polizei an und frage, ob Leon noch bei ihnen ist. „Können Sie das Messer, das er bei sich hatte, untersuchen?", frage ich. „Warum?", will der Beamte wissen und ich ringe mich durch, es auszusprechen: „Ich glaube, er hat mit dem versuchten Mord an einem Mitschüler von mir, zu tun." Es ist kurz still auf der anderen Leitung. Dann fragt der Polizist: „Wie heißt du?" Ich lege einfach auf. Ich will nicht, dass sie wissen, von wem dieser Tipp kommt. Das würde nur in einem Nachteil für mich enden.

„Seid ihr eigentlich völlig bescheuert?", brüllt unser Schulleiter uns am nächsten Montag an. Die meisten aus der Klasse sehen ihn nur sprachlos an. Niemand weiß, worum es geht. Das merkt er auch irgendwann und knallt einen riesigen Stein auf den

Lehrerpult. „Weiß keiner von euch, was das ist?"
Dann dämmert es mir. Leon hat zu seiner Schnaps-
idee, die Scheiben einzuwerfen, noch einen zusätz-
lichen Einfall gehabt: Auf einem der Steine steht
eine Botschaft. „11B". So ein Idiot. „Wer von euch
hat das zu verantworten?", will er wissen, aber weil
sich keiner meldet, lässt er uns alle nachsitzen. Aber
nicht heute, sondern am letzten Schultag vor den Ferien, an dem die anderen schon vormittags nach
Hause dürfen. Wir dürfen bis 13 Uhr dortbleiben,
putzen, Lampen austauschen und alles tun, was dem
Hausmeister sonst noch so einfällt. Das Nachsitzen
vergeht aber relativ schnell, immerhin haben wir etwas zu tun. Schließlich beginnen endlich die Weihnachtsferien. Eigentlich will ich vor Weihnachten
noch bei Nadja vorbeischauen und sehen, wie es ihr
geht, aber daraus wird nichts. Ich muss noch Geschenke kaufen und verpacken und überhaupt ist die
besinnliche Zeit alles andere als entspannend – sie
ist eher stressig. Also schreibe ich ihr nur ab und zu
und wünsche ihr an Heiligabend frohe Weihnachten. Nur zwei Tage später kommt sie erneut ins
Krankenhaus. Man hat dort ein Metallteil in ihrem
rechten Arm nicht richtig fixiert. Es ist nur ein kurzer Eingriff, aber meine Gelegenheit, sie zu besuchen. Ich stelle mein Rad vor dem Krankenhaus ab
und laufe noch kurz in die Stadt, besorge eine

Blume und eine Postkarte und schreibe darauf die
ersten guten Gedanken, die mir einfallen.

Hallo Nadja,
Ich wünsche dir eine gute Besserung. Schade,
dass du nicht auf den Ball gehen konntest. Ich
hätte gerne mit dir getanzt. Trotz der Technik.
Noch schöne Ferien und danke nochmal, dass
du mir immer hilfst, wenn ich dich brauche.
LG David

Das muss reichen. Als ich nochmal über die Zeilen
lese, schleicht sich Nina in meine Gedanken. Mit ihr
hätte ich am liebsten getanzt. Aber ich kann ihre Gefühle nicht erzwingen. Ich muss mich mit anderen
Mädchen treffen. Aber will ich das überhaupt?
Nadja liegt im dritten Stock auf Zimmer 369 und ich
nehme den Fahrstuhl zu ihr hoch, um nicht den ganzen Treppenweg meine Gedanken an Nina zu verschwenden. Vor ihrer Zimmertür bleibe ich stehen.
Was, wenn sie Besuch hat? Man stelle sich nur vor,
ihre Familie wäre in dem Zimmer und ein Junge aus
ihrer Klasse würde eine Blume und eine Postkarte
mitbringen. Was würden sie denn dann von mir denken? In diesem Moment geht die Tür von innen auf
und vor mir steht Nina. Nur ein kurzer verwirrter

Blick, dann schiebt sie sich an mir vorbei. Ich hingegen trete in das Zimmer, mit der Hoffnung, dass dort niemand mehr außer Nadja ist. Auch sie wirkt verwundert, mich zu sehen. Aber auch glücklich.

Ich gebe ihr die Karte und die Blume und nach einer kurzen Unterhaltung kommt Nina zurück und ich verabschiede mich. Ich will nicht mit Nina in einem Raum sein. Das wäre bestimmt komisch geworden. Also gehe ich nach Hause und packe für den Skiurlaub am zweiten Januar. Dort würden meine Eltern sich wie jedes Jahr mit ihren Freunden treffen und auch ihre 14-jährige Tochter Johanna ist immer dabei. Mit ihr wird es nie langweilig, sie ist für jeden Scherz zu haben und Skifahren kann sie auch. Besonders witzig ist, dass wir die Familie auch jedes Jahr an Silvester treffen – und wir uns wenige Tage später auf der Hütte im Skiurlaub begegnen.

So kommt also Johanna mit ihren Eltern an Silvester zu Besuch.

Kapitel 19

Normalerweise mache ich mir für das nächste Jahr keine Vorsätze. Aber dieses Jahr ist es anders. Ich nehme mir vor, dass das kommende Jahr das beste meines Lebens werden soll. Es soll alles übertreffen, was mir passiert ist und ich will alles Schlechte vom vergangenen Jahr vergessen. Es soll einfach nur Gutes bringen. Um Mitternacht stoßen wir an und schießen ein paar Raketen in die Luft. Dabei bindet jeder von uns einen Zettel an die Rakete mit den Wünschen für das nächste Jahr. Unsere Nachbarn übertreiben mal wieder, ihre Feuerwerks-Show geht beinahe zwanzig Minuten lang. Generell sehe ich keinen Sinn in dem ganzen Böllern. Was hat es für einen Zweck? Es verschmutzt doch eigentlich nur die Umwelt, verletzt Personen und steckt Häuser in Brand. Trotzdem machen wir es jedes Jahr. Nachher gehen Johanna und ich zurück in mein Zimmer und spielen am Computer, das Verbot meiner Eltern wurde schon vor einigen Wochen zurückgezogen, da die Polizei keine Beweise gegen mich hatte. Erst um vier Uhr morgens fahren Johanna und ihre Eltern wieder nach Hause nach Bensheim.

Schon zwei Tage später geht es in den Skiurlaub. Die Fahrt verläuft angenehmer als gedacht. Mir ist allein auf der Rückbank sogar so langweilig, dass ich anfange, auf meinem Tablet Liebesfilme zu schauen. Acht Stunden dauert es nach Flachau in Österreich. Von meinem Zimmer aus sehe ich direkt auf die Gondel und die Talabfahrt. SDs Beste daran: Das Zimmer meiner Eltern liegt genau am anderen Ende des Hotels, sie kommen also nie zufällig vorbei. Ich sehe sie, genauso wie Johanna und ihre Eltern, nur zum Frühstücken – wobei ich immer der erste dort bin und auch als erstes wieder aufstehe, um zur Piste zu kommen – und zum Abendessen. Es ist ein befreiendes Gefühl, ganz alleine auf einer riesigen freien Fläche mit einer hohen Geschwindigkeit den Berg hinunter zu rauschen. Ab und zu fühlt es sich so an, als gehört das Gebiet nur mir allein. Wenn niemand mir in die Quere fährt oder an der Gondel einen Stau verursacht. Das funktioniert aber nur ziemlich früh, denn im Laufe des Vormittags kommen die anderen Skifahrer und auch meine und Johannas Eltern auf die Piste. Die Erwachsenen sind ziemlich langsam, aber Johanna kann gut mit mir mithalten. Gemeinsam warten wir ab und zu auf unsere Eltern, dann haben wir auch viel Zeit zu reden. Zuerst sind unsere Gespräche oberflächlich und es geht um Schulnoten oder Sport. Über Gefühle will

184

ich nicht reden. Das wäre doch komisch, wenn ein drei Jahre älterer Junge plötzlich damit anfängt, oder?

Nach dem Abendessen will ich schnell ins Bett, um morgen früh für die Piste fit zu sein. „Kann ich mit in dein Zimmer kommen?", fragt Johanna. „Mir ist langweilig." Also schauen wir uns ein paar Videos zusammen an und reden über die Schule. Keine Ahnung wieso, aber auf einmal reden wir davon, dass anscheinend einige Jungs in Johanna verknallt sind. Sie zeigt mir ihre Nachrichtenverläufe und erzählt mir über einige etwas. Schon komisch, was schon in der achten Klasse passiert. Nicht, dass es bei mir anders gewesen wäre, doch trotzdem schockieren mich die Erzählungen von Johanna. „Manche von ihnen haben mich bedrängt", erzählt sie nämlich, „und haben mir Bilder geschickt." Sie spricht es nicht aus, aber ich weiß, welche Art Fotos sie meint. Fotos von ihren besten Stücken. „Einer ist mir sogar bis zur Haustür gefolgt. Auf Partys wollen sie mich immer abfüllen." Das ist noch nicht einmal legal! Ich kann nicht begreifen, warum die Jungs nicht irgendwann aufhören. Oder spornt es sie vielleicht sogar an, wenn sie sie abweist? Ist sie eine Art Herausforderung? Auch die nächsten Tage erzählt sie mir offen, was in ihrem Leben passiert und irgendwann sind wir mit ihren Themen durch. „Bist du mit jemandem zusammen oder wärst du es gern?", fragt sie deshalb schließlich. „Nein", lüge ich. Ok, halb stimmt es. Ich bin mit niemandem zusammen und will auch irgendwie nicht mehr mit Nina zusammen sein. Sie hat mich verletzt, ignoriert. Deshalb muss ich sie eben aufgeben, meine Gefühle unterdrücken und mir selbst einreden, dass das in Ordnung ist. Ich will kein emotionales Wrack sein, nicht von irgendjemandem abhängig sein, der mich sowieso nicht mag. Das muss Johanna aber nicht wissen, sie würde bestimmt nur komische Fragen stellen. Deswegen versuche ich, das Gespräch in eine etwas positivere Richtung zu lenken. Dann geht es auf einmal über eine Freundschaft mit gewissen Vorzügen. „Davon halte ich nichts", sage ich ehrlich. „Einer von beiden entwickelt da doch immer Gefühle." Ich könnte mir nie im Leben vorstellen, etwas Derartiges mit Penelope zu haben, auch wenn es nur zum Spaß wäre. Dafür wäre mir die Freundschaft zu wichtig. Johanna sieht das anders. „Es ist nicht schlimm, etwas mit dem besten Freund anzufangen", sagt sie mit seltsamer Sicherheit. „Sobald es komisch wird, bricht man es eben ab." Außerdem ließe sich damit die Freundschaft sogar stärken. Gerade, als es interessant wird, rufen ihre Eltern an und wollen, dass sie zurück auf ihr Zimmer kommt. Weil wir den letzten Abend mit unseren Eltern verbringen, haben wir auch keine Gelegenheit mehr, darüber zu reden.

Wir sind kurz vor München, als mich Nadja anruft. Weil der Empfang zu schlecht ist, verstehe ich sie nicht so richtig, versuche aber, ein paar Einzelteile zu entschlüsseln. Sie sagt irgendwas mit einem Bild und dem Internet. Was will sie mir denn damit sagen? Es gab doch tausende Bilder im Internet. Wurden vielleicht meine gelöscht? Ich schaue sicherheitshalber auf meinem Handy nach, doch alle sind noch da. Was kann es sonst gewesen sein? Darüber will ich jetzt nicht mehr nachdenken und weil ich sowieso viel zu langsames Internet ohne WLAN habe, schaue weiter die heruntergeladenen Filme. Zuhause dann die böse Überraschung: Fünf verpasste Anrufe und fast zwanzig Nachrichten von Nadja. Was ist passiert? Ist jemand gestorben, wurde wieder jemand angegriffen? Ich rufe sie direkt zurück und was sie erzählt, macht die Sache nicht gerade besser. „Jemand hat ein Bild von dir ins Netz gestellt, auf dem du … nicht ganz so gut dargestellt wirst", erzählt sie mir. Sie schickt mir einen Screenshot davon. Sie hat untertrieben. Es sieht grässlich aus. Mein Gesicht ist auf einem Foto platziert, bei dem es aussieht, als habe ich eine Flasche hochprozentigen Alkohol in der Hand, die andere Hand in meiner Hose. Außerdem als habe ich mich in meine zerfledderten Klamotten auf offener Straße eingenässt. Das Bild kursiert nicht nur im Internet, sondern der Link ist auch noch in unserer Klassengruppe. Ich wurde schon vor dem Urlaub rausgeschmissen.

Nadja wurde inzwischen anscheinend auch rausgeworfen, mit der Begründung: „Mach doch mit dem Freak deine eigene Gruppe auf." Sie hat es auch nur über Nina erfahren. War das Leon? Ganz egal wer es war, wie soll ich damit umgehen? So tun, als sei nichts passiert? Ich will nicht mehr zur Schule. Keiner aus der Klasse hat anscheinend die Stimme für mich erhoben, keiner hat sich auf meine Seite gestellt. Es kann doch nicht sein, dass ich allein auf dieser Welt bin? Gibt es niemanden, dem es genauso beschissen geht wie mir?

Kapitel 20

Ich spiele krank. Am Montag habe ich immer noch keine Motivation gefunden, in die Schule zu gehen. Schnupfen und Husten kann ich leider nicht realistisch vorspielen, aber Bauchschmerzen und Kopfschmerzen sind ideal. Meine Eltern lassen mich tatsächlich zuhause. Das klappt aber nur zwei Tage ohne ärztliches Attest. Was bedeutet, dass ich zu einem Arzt gehen, mich untersuchen lassen und im Wartezimmer sitzen müsste, obwohl ich überhaupt nichts habe. Weil ich das nicht will, muss ich mich zwingen, am Mittwoch wieder in die Schule zu gehen. In der Klasse ist irgendetwas anders. Aber was? An Leon kann es nicht liegen. Ich habe schon damit gerechnet, dass er wieder da sein wird.

Vielleicht haben die Beweise gegen ihn nicht ausgereicht oder die Polizei hat nach gar keinen gesucht. Oder er war es überhaupt nicht. Aber was ist es dann? Erst in der Pause fällt mir auf: Nina ist nicht da. Ist sie krank? Genau das will ich Nadja fragen, aber als ich ihr auf den Pausenhof folgen will, stellt sich Leon mir in den Weg. „Wohin so eilig?", fragt er mich bedrohlich. Weil ich keine Lust auf aufwändige Erklärungen habe, sage ich einfach die Wahrheit: „Ich will wissen, wo Nina ist." „Was interessiert es so einen Niemand wie dich?" Ich ignoriere ihn einfach, versuche, ihn zur Seite zu drücken, aber keine Chance. Er nimmt es als Anlass, mich durch den halben Klassenraum gegen eine Wand zu schubsen. „Weißt du, wo sie ist?", versuche ich, die aufgeladene Luft wieder etwas zu entspannen. Die Antwort darauf kann ich mir eigentlich schon selber geben. Trotzdem habe ich gehofft, dass mir Leon oder wenigstens einer der anderen, die neben ihm stehen, eine normale Antwort geben würden. Aber es kommt nur: „Also hier ist sie nicht." Ach? Nadja weiß bestimmt, wo sie ist. Aber ich habe keine Gelegenheit mehr, sie zu fragen.

Am Abend tippe ich einen Brief an Nina in meinen Laptop. Aber was soll ich schreiben?

„Hallo Nina, ich glaube du weißt, dass ich dich sehr mag und hoffe, wir können uns mal treffen."

Mehr fällt mir nicht ein. Also speichere ich das Dokument erstmal als „Brief an Nina" auf meinen Laptop. Ich vergesse ihn völlig. Als mein Englischlehrer meinen Laptop nutzt, um einen Film zu zeigen.

Kaum prangt der Titel der Datei in riesigen Buchstaben an der Wand, fällt es mir wieder ein.

Am liebsten wäre ich im Boden versunken, so peinlich ist mir das Ganze. Jetzt habe ich ihre Vermutungen, dass ich Nina mag, auch noch bestätigt. Mich angreifbar gemacht.

Ich versuche, so zu tun, als wäre nichts. Ich erkenne Nadjas fragenden Blick, sie hat es gesehen. Auch andere aus der Klasse müssen den Titel gelesen haben, oder? Die Bestätigung bekomme ich direkt nach dem Film, weil jemand am Ende der Stunde – kaum verlässt unser Lehrer den Raum – durch das Klassenzimmer brüllt: „David steht echt auf Nina!" Ich wirble herum. Wer war das? Wer hat das gesagt? „Nein", schreie ich einfach zurück, aber merke schon, dass ich rot geworden bin, bevor schließlich jemand fragt: „Warum bist du dann so rot in der Fresse?"

Das war's. Ich muss weg. Deshalb renne ich in den Wald, aber die Jungs folgen mir, werfen mir tausend Fragen entgegen: „Wieso suchst du nicht eine, die genau so hässlich ist, wie du?" – „Hat sie dich nicht schon mal gekorbt?" – „Wann verstehst du es endlich? Niemand mag dich." Irgendwann setze ich mich einfach auf die Bank, auf welcher ich immer sitze und mache die Augen zu, versuche, alle

Vorwürfe und Anschuldigungen, alle Fragen und alle Kommentare über mich ergehen zu lassen.

Das Ende der Pause kommt für mich wie der Sonnenschein nach einem Sturm. Ich bin fix und fertig. Den Rest des Tages kann ich nicht mehr klar denken, habe nur noch im Kopf, was meine Klasse jetzt damit macht, da sie wissen, dass ich Nina mag. Sie werden es auf die Spitze treiben. Ihre Attacken gegen mich verschärfen. Ich will es mir gar nicht vorstellen. Dann passiert etwas, was alles zerstört. Der Schulleiter kommt in unsere Klasse, stellt sich erhobenen Hauptes und mit siegessicherem Grinsen provokant neben die Tafel. Er redet ganz langsam, mit einer deutlichen und ernsten Stimme. „Die Polizei hat den Täter im Fall Paul ermittelt", sagt er und plötzlich wird alles still. Es ist gespenstisch.

Niemand traut sich, etwas zu sagen. „Wenn er sich meldet, erwartet ihn eine mildere Strafe." Natürlich meldet sich niemand. Aber alle schauen sich zu mir um. Oder schauen sie einfach nur durch die Klasse? „Letzte Chance", sagt der Schulleiter in drohendem Ton, aber weil immer noch nichts passiert, winkt er die Polizisten ins Klassenzimmer. Mein Herz rast. Denken sie immer noch, dass ich es gewesen bin? Oder hat mein Anruf etwas gebracht? Die Polizisten steuern direkt auf mich zu. Ich schaue mich verzweifelt um. Ich war es nicht! Sie können mich doch nicht für etwas verhaften, das ich nicht getan habe! Alle Augen sind auf mich gerichtet.

„Ich wusste es!", brüllt Leon, als die Polizisten fast bei mir angekommen sind. „Ich habe es von Anfang an gewusst!" Ein erstes Raunen geht durch die Klasse. „Nicht so voreilig", sagt der Schulleiter mit ruhiger Stimme und die Beamten ziehen fast zeitgleich eine Tüte mit einem mittelgroßen Taschenmesser hervor. „Erkennst du das wieder?", fragen sie jetzt Leon. Er erstarrt und wird bleich. Das Raunen wird lauter. „Das kenn ich nicht!", bestreitet er, dass es sein Messer ist.

Die Polizisten bleiben ruhig, reden einfach weiter: „Wir haben die Fingerabdrücke darauf mit deinen abgeglichen. Also soviel dazu. Auch Blutspuren sind noch nachweisbar." Leon streitet es immer noch ab, irgendwas damit zu tun haben. Mir fällt die Sprachnachricht wieder ein und ich suche eilig nach meinem Handy. Ohne ein weiteres Wort spiele ich sie ab und Leons Stimme hallt durch das komplett stille Klassenzimmer. „David war es nämlich gar nicht", hört man seine lallende Stimme. „Ich war das mit Paul."

Leons Gesichtsfarbe wechselt von weiß zu einem wütenden Rot. Jetzt starren ihn alle geschockt an. Die Polizisten platzieren sich hinter ihm und führen ihn mit Handschellen ab. Kaum sind sie weg, kann sich niemand mehr zurückhalten. Jeder will etwas dazu sagen. „Das habe ich mir schon gedacht", behaupten die einen. „Sowas habe ich nie von ihm erwartet", überlegen die anderen. Einige sagen sogar, sie hätten es schon lange gewusst, aber nie etwas dazu gesagt. Ich atme einfach nur auf. Es ist vorbei. Kein Verdacht mehr, keine Suspendierung mehr – und kein Leon mehr.

Wieso tut er mir dann immer noch leid? Er hat Paul attackiert. Aber warum? Wegen Penelope? Wäre es nicht auch anders gegangen, an sie ran zu kommen? Er hat es verdient, hinter Gittern zu kommen. Ich brauche mir keine Sorgen um ihn machen. Weil keiner aus der Klasse noch klar denken kann, dürfen wir in der zweiten Pause heimgehen. „Damit ihr morgen wieder arbeitsfähig seid", betont unser Lehrer. Ich gehe alleine nach Hause. Ich will auch alleine sein, will niemanden sehen. Ich stecke die Kopfhörer in die Ohren und lehne mich an meiner Bahnhaltestelle an einen Laternenpfahl. Das ist auch der Grund, weshalb ich nicht mitbekomme, dass sich die Freunde von Leon von hinten an mich annähern. Sie wirbeln mich herum und umkreisen mich auf einmal. Dann schubsen sie mich hin und her, stellen mir alle möglichen Fragen, fordern sogar, dass ich mich der Polizei stellen soll.

194

„Gib zu, dass du Paul angegriffen hast", brüllen sie, „dass du das mit dem Messer und der Sprachnachricht nur inszeniert hast!" Nick versucht sogar, auf mich einzuprügeln, aber ich kann mich unter den ersten Schlag wegducken. Durch den Schlag entsteht eine kleine Lücke in ihrem Kreis und ich schlüpfe hindurch, sprinte mit aller Kraft zur gerade einfahrenden Bahn und husche durch die Tür, knapp bevor sie sich schließt. Die Jungs rennen mir hinterher, doch es ist zu spät. Sie klopfen gegen die Tür und das Fenster, winken dem Fahrer und drücken wie wild auf den Knopf, der für das Öffnen der Türen verantwortlich ist. Aber es hilft nichts. Die Tür bleibt zu und die Bahn fährt los.

Erst dann kann ich aufatmen. Ich habe es überstanden – für jetzt. Aber wie sollen die nächsten Tage aussehen? Muss ich mich jetzt jeden Tag irgendwo verstecken? Ich sinke auf den Boden und versuche, die Fahrt nicht zu viel darüber nachzudenken. Auch Zuhause will ich erstmal einfach gar nichts denken, mich nur verkriechen und die Augen schließen. Aber Mama ist schon früher von der Arbeit zuhause und hat gekocht. „Wie war dein Tag?", fragt sie beim Essen und ich versuche, die Unterhaltung mit einsilbigen Antworten zu überstehen.

Mir ist nicht nach Reden. „War etwas in der Schule? Du bist so still", fällt ihr auf. „Nein", sage ich.

„Komm schon, rede mit mir." Ich weiß, dass es egal wäre, was ich antworte, sie fragt so lange nach, bis sie die Wahrheit hört. Deshalb sage ich „Ich habe keinen Hunger" und gehe eilig in mein Zimmer. Dort lasse ich mich auf mein Bett fallen und schaue gegen meine Decke. Sind die blauen Flecken da schon immer? Die fallen mir zum ersten Mal auf. Sie sieht aus wie ein Himmel mit Wolken. Ich muss danach eingeschlafen sein, denn das nächste an, was ich mich erinnern kann, ist, dass mein Vater mich zum Essen ruft. Danach bin ich hellwach und kann nicht mehr schlafen, brauche unbedingt eine Beschäftigung, etwas, das mich ablenkt. Mein Blick huscht rasch durch mein ganzes Zimmer und bleibt kurz an meinem Laptop hängen. Doch jetzt ist, glaube ich, nicht der richtige Zeitpunkt, um lange Texte zu schreiben. Auch ist es nicht der richtige Zeitpunkt, um an meinem Computer zu spielen. Dann erkenne ich in einer kleinen Ecke meines Zimmers die schwarze Tasche. Meine Gitarre. Die habe ich seit Jahren nicht mehr angefasst. Das Akkordelernen frustriert mich zu sehr. Mit Tabulatoren hat es gut funktioniert, aber warum musste mein Gitarrenlehrer auf Akkorde umsteigen? Deshalb habe ich aufgehört.

Vielleicht ist jetzt der richtige Zeitpunkt, wieder damit anzufangen. Deshalb klimpere ich alte Lieder und stelle mir vor, damit ein Mädchen beeindrucken zu können. Aber als ich einmal in der Schule vorgespielt habe, hat sich meine Klasse über mich lustig gemacht. „Solche Lieder sind Mädchenkram", haben sie gelacht. Vielleicht habe ich auch deshalb aufgehört. Doch jetzt, wo ich ganz alleine bin, mir niemand zuschaut, kann ich einfach nur spielen. Ich spiele und spiele.

Bis nach Mitternacht. Dann nehme ich mir voller Energie für morgen vor, zu erfahren, wo Nina ist. Ich will mich unbedingt Mal mit ihr treffen, egal wann, egal wo, egal wie.

Kapitel 21
-Nina-

Es ist Mittwoch und viele Jungs aus der Klasse sind mal wieder nicht im Unterricht. Die meisten fehlen schon seit Montag, da sie wegen einer Alkoholvergiftung im Krankenhaus sind. Aber ich will gar nicht über sie nachdenken, viel wichtiger ist der Ball. Es gibt noch viel zu tun. Nadja hat mich gefragt, ob ich helfe, deshalb sind wir ganz schön beschäftigt mit organisieren. Die Koordination mit der Technik AG überlasse ich ihr – ich will nicht mit David reden, der sich dafür bereiterklärt hat. Sie hat zwar auch keine Lust, mit ihm zu reden – wegen dieser Mutprobe, von der sie mir erzählt hat – aber macht es trotzdem. Nadja drängt mich immer wieder in der Pause dazu, dass ich David ansprechen soll. Sie lässt einfach nicht locker, hat sich da irgendwas in den Kopf gesetzt. Aber das bringt jetzt sowieso nichts mehr, weil ich bald weg sein werde: ein paar Monate Sprachreise nach Spanien. Bis ich wieder zurück bin, wird er hoffentlich alles vergessen haben. Ob es ihm auffallen wird, wenn ich weg bin? Vielleicht fährt er mir hinterher, sucht nach mir

… Das wäre so romantisch. „Jetzt geh schon", meint Nadja auf einmal genervt. Huch, ich habe mich wohl etwas verträumt. „Frag ihn doch, ob er mit dir zum Ball geht." „Spinnst du?", rufe ich ihr entgegen. Das kann ich nicht. Definitiv nicht. Ich würde mich selbst verraten und vor allem meine Lüge enttarnen und mich als schwach darstellen. Niemand soll wissen, dass ich nur aus Frust mit Michael zusammengekommen bin, dass ich ihn eigentlich gar nicht mag. Für was für eine Person würden er und die anderen mich halten? Das will ich nicht. „Dann frage eben ich ihn." Nadja zuckt mit den Schultern. Sie weiß, dass mir das nicht recht ist. Aber sie weiß auch, dass ich es sowieso nicht schaffen werde, ihn zu fragen und lieber allein zum Ball gehe. Was sie aber nicht weiß, ist, dass ich bald in Spanien sein werde. Das habe ich noch niemandem aus der Klasse erzählt. Vielleicht habe ich es ihr nicht gesagt, weil ich Angst habe. Dass sie mir David wegschnappt, während ich weg bin. Als er sie zum Essen eingeladen hat, war sie so glücklich … zumindest bevor er ihr von diesem Mutproben-Mist erzählt hat. Ich gebe mir Mühe, besonders lieb zu ihr zu sein, ihr bei den Vorbereitungen für den Ball zu helfen. Dann hat sie vielleicht ein schlechtes Gewissen, wenn sie Gefühle für ihn entwickelt und lässt es bleiben. In der Turnhalle stapeln sich die

Kisten voller Dekoration und Technik für den Ball. Jeder ist beschäftigt, die Technik AG baut irgendwelche Lampen auf und verlegt Kabel – ich wusste überhaupt nicht, dass wir so viel Technik an der Schule haben. Jetzt dürfen wir anderen aufpassen, dass wir nicht über die Kabel stolpern, die noch nicht am Boden fixiert sind. Ich strecke Nadja auf der Leiter einen goldenen Stern entgegen und sie beugt sich zu sehr zur Seite. Natürlich kippt die Leiter und knallt direkt in den nächsten Kistenstapel. Ich kreische auf. Nadja versucht noch, sich mit der rechten Hand abzufangen, diese knickt aber einfach ein. Mit den Beinen schrammt sie an den Kisten entlang und der Karton hinterlässt eine Schürfwunde, aus der sie jetzt auch noch blutet. Alles passiert so schnell. Kaum hat der Krankenwagen sie abgeholt, ist meine Lust auf die Feier völlig verflogen. Bevor ich heim gehe, klopfe ich noch bei der Schulleitung und erzähle, was passiert ist. „Nadja hat das alles organisiert und sich gekümmert. Können wir die Feier nicht verschieben, dass sie auch dabei sein kann?" Können wir. „Jetzt kannst du mit David zum Ball gehen", schreibt Nadja mir schließlich, als es ihr besser geht und ich überlege, ob ich ihr erzählen soll, dass wir ihn vorerst ausfallen lassen. Am Wochenende besuche ich sie im Krankenhaus. Sie sieht eigentlich schon wieder ganz in Ordnung aus,

trotzdem kann sie noch nicht zurück in die Schule.
Es sind sowieso bald Weihnachtsferien. Sie scheint
ziemlich sauer auf mich zu sein, weil ich den Ball
einfach abgesagt habe – sie muss die Mail von der
Schulleitung gelesen haben – aber durch das noch
wirkende Narkosemittel ist der Ärger, den ich bekomme, nicht so groß. Am letzten Schultag vor den
Ferien – wegen ein paar Idioten aus der Klasse müssen wir länger bleiben und dem Hausmeister helfen
– gehe ich abends zu einer kleinen Weihnachtsfeier
in Nadjas Gemeinde. Auch sie kann dabei sein und
nachdem wir selbstgemachte Salate und Pizza ver-
schlungen und uns lange mit den anderen Jugendlichen unterhalten haben, kann ich bei ihr übernachten. „Was läuft da eigentlich zwischen dir und
David", frage ich irgendwann, als wir schon im Bett
liegen. Ich wage es endlich auszusprechen, wovor
ich mich schon die ganze Zeit fürchte. Nadja sagt
erstmal gar nichts. Ich merke, dass sie Gefühle für
ihn hat. „Er hat mich wegen einem anderen Mädchen abgewiesen", erzählt sie dann nach einer langen Pause. Etwa wegen mir? Nadja und ich schweigen wieder. Dann kommt mir ein richtig blöder
Gedanke: Egal, wen David von uns beiden wählen
würde, eine von uns wäre definitiv enttäuscht.
Ich verbringe Weihnachten mit meiner Familie.
Früher ist noch alles harmonisch gewesen, aber

meine Eltern streiten sich immer häufiger wegen irgendwelchen sinnlosen Kleinigkeiten. Deshalb freue ich mich schon jetzt, Silvester mit ein paar Freundinnen zu verbringen. Kurz nach Weihnachten erreicht mich eine Nachricht von Nadja: „Ich muss nochmal ins Krankenhaus, eine Metallschiene hat sich gelockert." Um nicht zuhause bei meinen dauerstreitenden Eltern sitzen zu müssen, fahre ich zu ihr. Schon als ich aus dem Bus aussteige, sehe ich einen Jungen auf einem Fahrrad. Er sieht so aus wie David. Er will bestimmt zu Nadja. Wieso stört mich das so? Zufrieden stelle ich fest, dass der Junge nicht ins Krankenhaus geht, sondern sein Fahrrad nur davor abstellt und Richtung Innenstadt läuft. Ich hingegen gehe ins Krankenhaus und suche nach dem Zimmer von Nadja. Sie ist noch platter als das letzte Mal. Die Narkose hat sie anscheinend ziemlich mitgenommen. Aber nach und nach wird sie wacher. Irgendwann fragt sie mich, ob ich ihr etwas Wasser holen kann. Sie kann noch nicht aufstehen. Deshalb greife ich nach der Karaffe auf ihrem Nachttisch und will raus zum Wasserspender auf dem Flur gehen.

Gerade als ich die Tür öffne, kommt mir David entgegen. Was will der denn hier? Hat er da wirklich Blumen in der Hand? David und ich schauen uns gleichermaßen schockiert in die Augen. Das halte ich nicht lange aus und husche an ihm vorbei in den Flur. Ich mache extra noch einige Umwege, bis ich zu dem Wasserspender gehe. Worüber die zwei wohl reden? Ich will eigentlich nicht wissen, was sie miteinander besprechen oder machen. Trotzdem muss ich irgendwann zurück. Kaum betrete ich das Zimmer, verabschiedet sich David und geht. Er verhält sich irgendwie komisch.

Noch bevor ich Nadja danach fragen kann, platzt aus ihr heraus: „Er hat mir eine Blume und eine super süße Karte mitgebracht." Sie zeigt auf ihren Nachttisch. Es ist nur eine ganz gewöhnliche Karte, trotzdem ist Nadja total glücklich darüber. Nur weil sie von ihm ist. Ich muss los. Ich rede mir ein, weil ich noch einige Dinge für Spanien besorgen muss, auch wenn ich erst eine Woche nach Silvestern fliegen werde. Aber ich will nicht länger bei Nadja bleiben. Außerdem will meine Mutter, dass ich mich jetzt schon darum kümmere. Auch für Silvester muss ich noch einiges besorgen. Keine Raketen – dafür haben meine Freundinnen und ich nicht genug Geld zur Verfügung – aber Sekt, Bier und Apfelwein und natürlich Snacks – fast zwei Kilo Gummibärchen und ein Kilo Salzstangen nehmen wir mit. Zum Essen bestellen wir uns Pizza. Am Silvesterabend lassen wir es uns dann richtig gutgehen. Wir drehen die Musik auf, springen wild durch die

Wohnung – gut, dass niemand auf der Straße ist, wir sehen bestimmt aus wie Verrückte – und spielen Partyspiele. Um Mitternacht beobachten wir das Feuerwerk vom Balkon aus und es kommen noch ein paar Leute aus der Klasse vorbei. Die anderen Mädels eilen zu ihnen runter an die Tür, nur ich bleibe oben, ich habe keine Lust auf unsere Klassenkameraden. Niemand fragt, wieso ich nicht mitkomme. Sie bemerken anscheinend nicht einmal, dass ich nicht da bin.

Am nächsten Tag bin ich die erste, die aufwacht. Es ist schon kurz vor eins. Ich decke den Tisch und bereite das Frühstück vor. Nach und nach wachen auch alle anderen auf und wir essen gemeinsam, bevor wir die Überreste der Feier beseitigen. Ich komme deshalb erst um vier Uhr nachmittags nachhause. Dann sind es nur noch wenige Tage bis zu meiner Abreise. Die Zeit vergeht schnell und Mama kauft auf dem Weg zum Flughafen noch Kleinigkeiten wie Duschgel und Zahnpasta. Irgendwie fühlt es sich komisch an. Bald werde ich im Flieger sitzen und die nächsten Monate nicht mehr heimkommen. Ich kenne dort niemanden und mich auch überhaupt nicht aus. „Die Erfahrung wird euch guttun", hat unser Spanischlehrer behauptet und er hat bestimmt recht, trotzdem ist mir bei dem Gedanken unwohl.

Ich kenne auch die anderen Mitreisenden noch nicht.

Was passiert in meiner Schule, wenn ich nicht da bin? Wird David mich vermissen? Oder kommt er mit Nadja zusammen? Ich bin sogar kurz davor, die ganze Reise abzusagen. Aber ich will weg. Weg von all dem Stress zuhause, weg von allen Klassenkameraden, weg von David. Meine Eltern bestehen darauf, mich gemeinsam zum Flughafen zu bringen. Zu meinem Glück dürfen Personen, die kein Ticket haben, nicht durch die Sicherheitskontrolle. Also heißt es Abschied nehmen. Vier Monate lang nur per Video mit meinen Eltern kommunizieren. Eine willkommene Abwechslung. Mit dem Mädchen neben mir im Flugzeug komme ich ziemlich leicht ins Gespräch. „Fiona", stellt sie sich direkt vor, als ich mich setze und streckt mir eine Hand entgegen. Zögerlich aber mit einem liebgemeinten, bestimmt aber unsicher wirkendem Lächeln antworte ich: „Nina." Sie ist auch auf dem Weg nach Barcelona, um die Sprache besser zu lernen und um dort in die Schule zu gehen. Wir unterhalten uns den gesamten Flug über und verabreden uns schließlich, einmal zusammen essen zu gehen, sobald wir uns eingewöhnt haben.

Nachdem wir unsere Nummern getauscht haben, geht sie zu den Zügen – sie scheint sich gut

auszukennen. Ich dagegen stehe ziellos am Flughafen in Barcelona und weiß nicht so recht, was ich
tun soll. Es dauert fast eine halbe Stunde, bis ich
mich zurechtgefunden habe. Mittags komme ich an
der Schule an, die die Sprachreise organisieren.
Nach einer kleinen Führung durch die Schulgebäude, fährt der Schulleiter mich zu meiner Wohnung. Weil ich nicht alleine wohnen will, habe ich
noch eine Mitbewohnerin bekommen. Hoffentlich
ist sie so nett und toll wie das Mädchen aus dem
Flugzeug. Der Schulleiter lässt mich vor dem Gebäude raus, sagt mir eine Zimmernummer und verschwindet, um sich um die anderen Schüler zu kümmern.

Kapitel 22

Keiner will mir sagen, wo Nina ist. Niemand, wirklich niemand, scheint zu wissen, wo sie ist. Als hätten sie einen Pakt geschlossen, dass ich es nicht erfahren soll. Nicht einmal die Lehrer wollen sich dazu äußern.

„Ich habe sie letztens an so einer Hütte am Waldrand gesehen", höre ich irgendwann Elias sagen. Ich drehe mich zu ihm um und sehe gerade noch, wie er sich vergewissert, dass ich seine Worte verstanden habe. Dann wendet er sich zurück zu Nick und Dimitri. Meint er die Hütte, in der Penelope mit Leon gewesen ist? Kennt Nina die überhaupt? Ich bin mir nicht sicher, ob ich ihm glauben soll. Aber ich bekomme es nicht aus dem Kopf. Das ist auch der Grund, weshalb ich mich am Ende dann doch dazu entschließe, zu der Hütte zu gehen. Aber erst am Freitag, um nicht in eine weitere Falle meiner Klassenkameraden zu tappen. Die sind am Wochenende immerhin mit Trinken beschäftigt. Außerdem achte ich darauf, dass es nicht zu spät ist und ich ausreichend Fluchtmöglichkeit habe. Es ist noch hell, ich kann alles überblicken und habe freie Sicht.

Auf dem Weg zur Hütte fällt mir nichts Komisches auf und je näher ich komme, umso hektischer werden meine Blicke. Was, wenn Nina wirklich dort ist? Viel wichtiger: Was, wenn nicht? Bevor ich zu tief im Wald bin, wo ich kein Netz mehr habe, rufe ich Penelope an. „Wenn ich mich bis Mitternacht nicht wieder melde, ruf meine Eltern und die Polizei an", bitte ich sie und sage ihr, wo sie mich finden sollten. Dann radle ich weiter, stelle mein Fahrrad neben die Tür – damit ich schnell abhauen kann – und trete ein. Innen ist es dunkel, sehr dunkel. Nur in dünnen Lichtstrahlen erkennt man Staubpartikel in der Luft schweben. Meine Augen müssen sich erst einmal an das wenige Licht gewöhnen. Ich verenge die Augen zu Schlitzen, um mich umzusehen. Es sieht anders aus. Das letzte Mal war es hier total dreckig. Jetzt könnte man es fast schon als sauber deklarieren. Es liegt kein Müll mehr herum und es gibt sogar ein paar kleine Schränke. Plötzlich bewegt sich etwas am anderen Ende des Raumes und ich erkenne Stühle, auf denen jemand sitzt. Nick, Elias … plötzlich wird die Tür hinter mir mit einem Riegel verschlossen und ich drehe mich erschrocken herum. Ich bin gefangen.

Mein größter Albtraum wird wahr. Eingeschlossen mit meinen Klassenkameraden, kein Empfang und keine Hilfe weit und breit. Nicht einmal schreien würde etwas nützen. Wie in einem Film bietet mir Nick mit fast schon bedrohlich ruhiger Stimme an, dass ich mich doch setzten solle, denn sie hätten sehr viel mit mir zu besprechen. Haben die etwa hier jeden Tag nach der Schule darauf gewartet, ob ich irgendwann auftauche?

Langsam gehe ich zum Stuhlkreis, versuche noch mehr Gesichter zu erkennen. Kevin von der Tennismannschaft, Dimitri. Ich setze mich und werde erstmal ignoriert. Stattdessen reden sie über Dinge, die sie vermutlich schon vor meiner Ankunft besprechen wollten. Nick klettert während der Diskussion irgendwann die Empore hinauf und ich bin völlig verunsichert. Soll ich sie einfach in ihren Gesprächen stören? Sie fragen, was sie von mir wollen?

Nach einer Weile kommt Nick wieder von der Empore herunter und schreit mit einer lauten und tiefen Stimme: „Genug geredet, kommen wir jetzt zum Thema des Abends!" Er hat einen Kasten Bier in der Hand und knallt sie auf den Tisch in unserer Mitte. Dann starrt er mich an. Mit ruhiger, beinahe freundlicher Stimme sagt er: „David, wir haben eine Bitte an dich." Kein drohender Unterton, nichts. Ich bin noch verwirrter. Seine Bitte ist recht einfach zu verstehen, aber schwer umzusetzen.

„Du musst Leon vor Gericht entlasten." Er will, dass ich mich mit an den Pranger stelle und Leon raushelfe. „Wieso sollte ich?", frage ich direkt. „Nach allem was er mir angetan hat – schon allein dieses Bild im Internet." „Das war ich", höre ich eine Stimme und erkenne, dass es Dimitri ist. Es ist gar nicht Leon gewesen, der dieses Pennerfoto bearbeitet hat? Irgendwie sieht es so aus als würde Dimitri sich dafür schämen. Doch wieso hat er es dann getan? Ich kann ihn nicht danach fragen, weil Nick wieder das Wort ergreift. „Tust du's? Bist du bereit, ein bisschen Schuld auf dich zu nehmen?" Weil ich weiß, dass ich anders nicht mehr aus der Hütte gelassen werde, willige ich mit leichtem Nicken ein.

Ich bin komplett neben der Spur. Den ganzen Nachhauseweg bin ich so langsam gefahren wie nur möglich. Wieso hat Dimitri das Foto von mir gemacht? Um den anderen zu imponieren? Wir haben uns doch eigentlich recht gut verstanden, vor allem in der Technik AG. Zumindest hat er im Vergleich zu den anderen eigentlich nie etwas Beleidigendes gesagt oder gemacht, gut, er hat mitgelacht, aber ansonsten …

Was soll ich jetzt tun? Ich kann doch Leon nicht einfach entlasten, er hat fast einen Mitschüler umgebracht, verdammt nochmal. Dafür kann ich doch nicht die Schuld auf mich nehmen! Aber was soll ich schon gegen meine Klassenkameraden ausrichten? Vielleicht akzeptieren sie mich wieder, wenn ich tue, was sie sagen. Aber was soll ich überhaupt sagen? Dass ich schuld daran bin, dass Leon Paul töten wollte? Dass ich ihn dazu angestiftet habe?

Kurz vor Mitternacht klingelt mein Handy. Es ist Penelope. Ich habe ganz vergessen, mich bei ihr zu melden. „Alles in Ordnung?", will sie wissen. Auch wenn ich „Ja" sage, bin ich mir nicht sicher, ob das die Wahrheit ist.

Das Wochenende verbringe ich auf der Couch. Mit dem Fernseher im Hintergrund versuche ich, mich auf andere Gedanken zu bringen. Irgendwann wirft mir meine Mutter einen dicken Brief in den Schoß. Normalerweise bekomme ich nie Post. Schon gar keine Briefe und erst recht keine großen. Als ich ihn öffne, wird sofort klar, woher er kommt: vom Gericht. Ich soll erscheinen, um eine Zeugenaussage zu machen. Verdammt. Ich will nicht nach Leon gefragt werden, will mich nicht weiter in den ganzen Mist einmischen. Kann man das verweigern? Ich will einfach nicht vor Gericht erscheinen. Deswegen frage ich dort direkt nach, ob ich das wirklich machen muss. „Es wäre sehr hilfreich", sagt die Dame am Telefon, „aber Sie können auch eine schriftliche Erklärung abgeben." Also tue ich das und sitze am Tag des Termins nicht vor Gericht, sondern in der Schule. „Musst du auch aussagen?", will Nick dort von mir wissen. Er hat anscheinend auch eine Vorladung bekommen. „Ich habe meine Aussage schriftlich abgegeben", sage ich.

Das ist definitiv die falsche Antwort. Nick sieht mich wütend an. Aber es hilft ihm nichts. Meine Aussage liegt wahrscheinlich schon im Gericht. Darin steht die Wahrheit. Nichts, um Leon zu entlasten. Schon allein deshalb, weil er nach dem, was er mit Paul gemacht hat, auf keinen Fall auf freiem Fuß sein sollte. Für mich ist das Thema erledigt, weshalb ich am Nachmittag ohne weitere Gedanken an die Verhandlung zu verschwenden zur Tennishalle fahre.

Während ich spiele, liegt mein Handy in der Tasche und deshalb höre ich auch nicht, dass es mehrmals klingelt. Das erfahre ich erst, als mein Vater völlig aufgebracht in die Halle stürmt, meine Tasche schnappt und mir entgegenschreit: „Komm sofort mit!" Was ist denn passiert? Erst im Auto erzählt er mir, was los ist. „Die vom Gericht haben angerufen. Einige Jungs aus deiner Klasse haben wohl Beweise, die dich belasten." Ich erstarre. Was? Ich gehe im Kopf durch, was ich getan oder gesagt haben könnte, das sie nun gegen mich verwenden, aber mir fällt einfach nichts ein.

Mein Vater hält direkt vor dem Gerichtsgebäude und lässt mich aussteigen. Ich erkundige mich bei einem Angestellten, in welchen Raum ich muss und eile in das erste Obergeschoss. Raum neun. Ich bleibe vor zwei riesigen Holztüren stehen und atme tief durch, bevor ich sie schließlich öffne.

Kapitel 23

Der Saal ist komplett voll. Ich komme mir extrem komisch vor, als ich hinein stürme. Jetzt sind alle Augen auf mich gerichtet. Ich bemühe mich, so ruhig wie möglich nach vorne zu gehen, dorthin, wo auch Nick, Elias und Dimitri sitzen, direkt neben Pauls Eltern. Paul ist aber nicht zu sehen. Aus Angst? In den Tennisklamotten – ich habe keine Zeit gehabt, mich umzuziehen – ist es ziemlich kühl und ich komme mir blöd vor. „Entschuldigung", stammle ich, weil ich die Verhandlung unterbrochen habe.

Der Richter sieht mich auffordernd an. „Wer sind Sie?" „David", sage ich und soll ihm einen Personalausweis zeigen. Er bittet mich, mich zu setzen und obwohl ich die Vernehmung eben unterbrochen habe, will er anscheinend mit mir weitermachen. „Sind Sie mit der Anklage vertraut?", fragt er an mich gerichtet. „Wissen Sie, was Ihnen vorgeworfen wird?" „Nein", sage ich wahrheitsgemäß. Deshalb wird die Aussage der Jungs noch einmal, nur für mich, vorgelesen. Der Richter hat eine sehr einschläfernde und monotone Stimme. Bisher sagt er nichts, das ich nicht schon kenne – angeblich soll ich nach der Aussage einiger Klassenkameraden jetzt doch wieder ich Paul getötet haben. Am Ende der Verlesung bittet er Nick, seinen Beweis nochmal vorzuspielen. Eine Audiodatei. Darin stellt Nick mir Fragen über den Mordfall. Daran sind zwei Dinge komisch.

Erstens bin ich mir sicher, nie dieses Gespräch mit ihm geführt zu haben, außerdem lässt sich jede seiner Fragen mit Ja oder Nein beantworten – und etwas anderes sagt meine Stimme in der Datei auch nicht. „Haben Sie dem etwas hinzuzufügen?", fragt mich der Richter schließlich. Ich sage erstmal gar nichts. Würden sie mir glauben, wenn ich etwas anderes behaupten würde? Aber das ist manipuliert, kein verwertbarer Beweis. Ich habe dieses Gespräch nie geführt! Aber ohne einen Gegenbeweis würde mir das niemand glauben. Ich bringe nur ein jämmerliches „ähm" aus meinem Mund. Jetzt fängt Nick erst richtig an. „Das ist doch ein eindeutiges Zeichen dafür, dass die Datei echt ist", brüllt er in den Saal. Bei diesen Worten reicht es mir völlig. Diesmal will ich zurück schreien. Mich wenigstens einmal zur Wehr setzen. Einmal nicht das Opfer sein, sondern mal in den Angriff gehen. Einmal nur auf mich schauen. Deshalb schreie ich quer durch den Gerichtssaal und geige Nick meine Meinung.

„Bist du eigentlich komplett bescheuert? Wieso deckst du Leon, nach allem, was er gemacht hat? Du willst mich hier nur fertig machen, mich unschuldig ins Gefängnis kriegen und deinen *Freund* entlasten, obwohl er Paul abgestochen hat? Dafür verfälschst du auch noch Beweise?"

Meine Stimme überschlägt sich. Kaum bin ich fertig, ist alles still. Ich merke, wie mir Tränen in die Augen steigen. Tränen vor Wut und Verzweiflung.

„Ich frage Sie nochmal, Nicklas", setzt jetzt der Richter wieder an, „ist die Datei, die Sie uns gezeigt haben, echt?"

Endlose Sekunden, vielleicht auch nur eine Millisekunde, sagt er nichts, dann antwortet er klar und deutlich mit: „Ja." Als der Richter seine Frage an Elias und Dimitri richtet, merke ich, dass die beiden zögern. Ich hoffe, dass sie das einzig Richtige machen und jetzt gegen Nick stimmten. Doch nach einem strengen und ernsten Blick von Nick geben sie ihm schließlich recht. Ich sacke in mich zusammen. Ich weiß nicht, was ich noch tun soll. Es gibt für mich keine andere Möglichkeit, außer es über mich ergehen zu lassen. Erst jetzt bemerke ich, dass rechts am Tisch neben mir Leon sitzt. Er ist die ganze Zeit so still gewesen, dass er mir überhaupt nicht aufgefallen ist. Ob er kapiert, was er getan hat? Oder es erst nach und nach realisiert?

Ich bin so in Gedanken versunken, dass ich nicht bemerke, dass der Richter mir eine Frage stellt. Ich schrecke hoch. „Entschuldigung?", frage ich kleinlaut und etwas gereizt wiederholt er: „Haben Sie etwas zu der vorgespielten Audiodatei hinzuzufügen?" Aber was soll ich dazu noch sagen? Ich kann nicht mehr tun, als es abzustreiten, immer und immer wieder. Ich war es nicht, verdammt! Der Täter sitzt am Tisch neben mir und wird von diesen Idioten gedeckt. Ich schaffe das nicht länger. „Verurteilen Sie mich doch einfach, wenn es das ist, was alle wollen", sage ich resigniert. „Dann kommen hier wenigstens alle heute noch aus dem Gerichtssaal."
Es ist schon 23 Uhr als der Richter das wahrscheinliche Strafmaß ausspricht. Zwischen einem und fünf Jahren Gefängnis und eine saftige Geldstrafe. Er kann mich noch nicht verurteilen, auch wenn er es bestimmt gerne würde, da dafür ein eigenes Verfahren notwendig ist auch Leon ist noch nicht aus dem Schneider, die Verhandlung wird vorerst unterbrochen. Soll das heißen, dass ich wahrscheinlich für etwas bestraft werde, was ich nicht begangen habe? Beim Herausgehen flüsterte mir Leon leise in mein Ohr: „Du wirst untergehen und alles was du liebst mit dir."
Sein Atem jagt mir eine Gänsehaut über den Körper und ich stelle mir vor, dass er dieselben Worte zu

Paul gesagt hat, bevor er ihm das Messer in den Rücken gerammt hat. Das ist jetzt aber wirklich die Höhe. Ich bin so sauer. Was soll ich jetzt machen? Hat es überhaupt noch einen Zweck?

Ich muss versuchen, aus der Sache rauszukommen. Mein Vater versucht mich zuhause mit typischen Vatersprüchen aufzumuntern und zu motivieren, doch ich bin einfach nur frustriert. Ich hätte das Tennistraining gar nicht erst abbrechen sollen. Darf ich überhaupt noch als Trainer dort fungieren, wenn ich etwas in meinem Strafregister habe? Was bedeutet das für mein späteres Leben? Erst jetzt werde ich mir langsam über die Konsequenzen bewusst. Je mehr ich dazu im Internet recherchiere und je stärker ich über das ganze nachdenke, desto größer wird meine Wut.

Das Gefühl von Hass und Rache. Ein ekelhaftes Gefühl. Ich hasse mich dafür, dass ich hasse. Das macht mich nur noch wütender. Weil ich eben so wütend bin und hasse, fasse ich einen Entschluss: Ich will meinen ehemaligen Freunden und meinen Klassenkameraden ihr Leben zur Hölle machen. Ich will sie auseinandernehmen wie einen Shrimp. Ich will ihnen all das zurückgeben, was sie mir angetan hatten. Ich muss einen Weg finden, wie ich all das tun kann, ohne etwas Unrechtes zu machen.

Weil Penelope mit den ganzen Leuten befreundet ist, rufe ich sie am nächsten Tag an, um mich mit ihr zu verabreden. „Ich habe nächste Woche viele Klausuren", wimmelt sie mich ab. Dann muss ich eben auf eigene Faust herausfinden, was ich brauche. Dafür muss ich mich mit Nick und seinen Freunden anfreunden. Obwohl die Wut mich zerfrisst, gebe ich mein bestes, das zu erreichen.

Nach einer Woche kommt Nadja schließlich zu mir. „Alles klar?", fragt sie. „Du verhältst dich so komisch." „Was meinst du?", frage ich zurück. „Naja, du ignorierst mich und gehst mir aus dem Weg." Achso, darum geht es ihr. „Liegt es an dem Brief?" Welcher Brief? Der mit dem Herz? Aber das ist doch kein Brief, sondern nur ein fast leerer Zettel gewesen. Den hat Nadja mir geschickt? „Das Herz kommt von dir?", frage ich deshalb und sie schaut mich verwirrt an. Die Glocken läuten und unterbrechen unser Gespräch.

Noch, bevor wir ins Klassenzimmer gehen, sagt sie: „Versuch es mal mit Tinte." Was soll das denn jetzt heißen? Wir sind immerhin eine Medien-Klasse, da tippt man eben auf seinem Laptop oder Tablet herum. Oder geht es ihr darum, dass ich die Klausuren mit einem Kugelschreiber schreibe? Erst zuhause verstehe ich, was sie meint. Der Zettel. Ich krame nach meinen Tintenpatronen. Die habe ich seit der achten Klasse nicht mehr benutzt. Ich schneide die Patrone mit einem kleinen Messer auf, sodass die Tinte direkt auf das Blatt tropft. Ein Teil der Tinte verschwindet wie durch Geisterhand und an den weißen Stellen bilden sich kleine Herzen und ein Schriftzug. Je mehr Tinte auf den Zettel kommt, umso deutlicher werden die Zeichen und Buchstaben. Nun erkenne ich es endlich.

David,
ich habe dich sehr gern und die Unterhaltungen mit dir machen viel Spaß. Ich würde dich gerne näher kennenlernen. Ich mag dich wirklich sehr.
Deine Nadja

Es ist ein Liebesbrief. Ein Liebesbrief an mich. Der kommt von Nadja? Ist das möglich? Hat sie etwa Gefühle für mich? Aber wieso hat sie nicht früher etwas gesagt? Ich kann die darauffolgende Nacht kaum schlafen. Was, wenn sie wirklich in mich verliebt ist, aber ich nicht in sie? Das würde ihr das Herz brechen. Kann ich ihr das irgendwie mitteilen, ohne sie zu verletzen?
Ich will das unbedingt vor Unterrichtsbeginn klären, deshalb spreche ich Nadja gleich in der Früh darauf an. „Also ist der Liebesbrief von dir?", will ich

wissen und sie wird rot, lächelt unsicher und fragt: „Was sagst du dazu?" Ja, was sage ich dazu? Ich stottere etwas vor mich hin, räuspere mich und sage schließlich: „Es gibt da ein Mädchen, das ich mag." Das ist bestimmt nicht, was sie hören will. „Du bist eine wirklich gute Freundin für mich und das will ich nicht kaputtmachen." Ihr Blick zeigt Enttäuschung.

Nur eine Unterrichtsstunde später lässt sie sich abholen und meldet sich die nächsten Tage krank. Hat sie das so stark mitgenommen? Ich habe gehofft, dass ich es ihr sehr human beigebracht habe. Es wäre auch schlimmer und härter gegangen. Sie reagiert nicht auf meine Anrufe, antwortet nicht auf meine Nachrichten. Soll ich sie besuchen gehen? Weil ich unbedingt einen Rat brauche, Penelope aber keine Zeit für mich hat und Nadja ja der Grund ist, wieso ich Hilfe brauche, frage ich ein paar Mädchen beim Tennistraining.

Ich weiß, dass Mädchen anders ticken, doch wie anders bemerke ich erst, als ich die Antworten und Vorschläge von ihnen bekomme. „Kauf ihr Blumen", lautet die erste Anweisung. „Komm sie unangekündigt besuchen", findet eine andere richtig romantisch. „Lade sie zum Essen ein", sagt die Letzte. Das ist nicht das, was ich hören will. Aber was will ich eigentlich hören? Dass ich nichts machen muss und alles von selbst gut wird? Diese Frage stellen sich die Mädchen wahrscheinlich auch, als ich nach einer besseren Möglichkeit frage.

Nach dem Training – ich bin gerade dabei mein Fahrradschloss zu öffnen – klingelt mein Handy. Der Vorsitzende unserer Tennisabteilung. „Ich habe mit deiner Mutter schon gesprochen", sagt er mir und ich glaube zuerst, es geht um die steigenden Preise und andere Dinge, von denen sie mir bereits erzählt hat. Aber er sagt etwas anderes. „Du kannst ab den Osterferien kein Trainer mehr sein. Wir haben einen Vertrag mit der Tennisschule unterzeichnet und die wollen dich nicht übernehmen." Ich sage erstmal gar nichts, zu sehr hat mich seine Aussage schockicrt. Was soll das jetzt bedeuten? Weil er anscheinend glaubt, von mir kommt keine Reaktion mehr, legt er schließlich auf. Kann das wahr sein? Ist es möglich, dass mich der Verein einfach so herausschmeißt? Ich habe nie einen Vertrag vom Verein bekommen, doch ich dachte immer, dass man so etwas vorher mit mir abklären würde. Anscheinend nicht.

Kapitel 24

Bis auf die Socken durchnässt komme ich Zuhause an. Ich will mit meiner Mutter reden, sie fragen, ob sie es schon mitbekommen hat. Ich stürme ins Haus und suche sie. Sie bemerkt meine Aufregung direkt. „Hat der Vorsitzende dich angerufen?" Ich nicke. Meine Mutter versucht mich aufzumuntern: „Sieh es doch mal positiv, du kannst dich jetzt mehr auf die Schule konzentrieren. Durch die Sache mit Paul und der Schule hast du sehr viel Stoff verpasst. Außerdem findet sich bestimmt noch eine andere Möglichkeit, nebenher Geld zu verdienen. Vielleicht kannst du auch beim Nachbarverein spielen und trainieren." Ich zucke nur mit den Schultern. „Aber sag es noch nicht den Kindern aus dem Training", betont sie am Ende noch. „Es wird erst in zwei Wochen offiziell bekannt gegeben." Das war's also. Ich kann nichts mehr dagegen machen. Die einzige Option, weiterhin Training geben zu können, wäre, den Verein zu wechseln.

Nadja kommt die nächsten Tage immer noch nicht in die Schule und meine Nachrichten ignoriert sie auch weiter. Also beschließe ich am Wochenende, sie zu besuchen. Obwohl ich schon einmal bei ihr gewesen bin, finde ich den Weg trotzdem nicht mehr. Ich irre orientierungslos herum und habe nicht einmal Handyempfang. Irgendwann finde ich das Zentrum und habe immerhin schlechtes Netz – besser als gar keines. Es ist anscheinend auch nicht mehr weit bis zu Nadja. Endlich komme ich an. Ich klingele und ihr Vater kommt heraus. Anscheinend erinnert er sich noch an mich. Ich frage mich, ob das gut oder schlecht ist. „Ist Nadja da?", will ich wissen, aber er schüttelt den Kopf. „Sie ist mit ihren Freunden in der Gemeinde." Ich bedanke mich und gehe auf direktem Weg dorthin. Ich finde es sogar ohne Probleme. Von außen höre ich schon Musik und ich freue mich sogar ein wenig darauf, Benedikt und die anderen wieder zu sehen. Ich steige die Treppen hoch in den dritten Stock zum Jugendraum. Ich folge einfach der Musik.

Kaum betrete ich den Raum, dreht sich Nadja kurz um. Sie dreht sich schnell wieder zurück, als sie mich erkennt. Stattdessen kommt Benedikt auf mich zu, um mich zu begrüßen. Anscheinend weiß er, wieso ich hier bin. „Nadja will gerade nicht reden", sagt er mir. Das ist mir schon klar. Trotzdem will ich die Geschichte klären. Das sage ich auch Benedikt. „Sagst du ihr, dass ich mit ihr reden muss? Ich kann auch draußen warten."

Ich nehme ihm das Versprechen ab und gehe vor die Tür. Zum Glück habe ich noch vom Skiurlaub ein paar Filme auf dem Handy. Nach einer gefühlten Ewigkeit erkenne ich Nadjas Kopf aus der Tür herausschauen. „Entschuldige, dass es so lang gedauert hat", sagt sie. Ich gehe direkt darauf ein, warum ich hier bin: „Bist du noch sauer auf mich? Wenn ja, was kann ich dagegen machen?"

Mir liegt wirklich viel an dieser Freundschaft. Ich will sie nicht verlieren. „Du kannst nichts machen", sagt sie schließlich. Sie seufzt und setzt sich neben mich. „Ich hätte es nur gerne früher gewusst." Ich nicke und verkneife mir die Aussage, dass sie es mir ja auch früher hätte sagen können. „Wer ist sie denn?", will sie jetzt wissen. „Das Mädchen, das du magst, meine ich." Um ihr mein Vertraue zu beweisen, sage ich die Wahrheit. „Nina." Den entsetzten Blick, der sich in dem Moment auf ihr Gesicht legt, werde ich nie vergessen. Sie wird regelrecht blass um die Nase. Sie presst die Lippen aufeinander, sagt gar nichts mehr und sieht sogar so aus, als kippt sie jeden Moment um. Ich wundere mich, warum sie so geschockt reagiert und ob das überhaupt an mir liegt. Benedikt kommt zufällig raus, um nach ihr zu sehen und gemeinsam stützen wir sie die Treppen rauf zum Jugendraum und legen sie auf die Couch. Vielleicht hat sie nur zu wenig getrunken, deshalb hält ihr jemand ein Glas Wasser entgegen. „Wie ist es gelaufen?", fragt Benedikt mich schließlich. „Was ist denn passiert?" Ich zucke mit den Schultern. „Keine Ahnung." Ich denke und hoffe, dass ich nichts Falschen gemacht oder gesagt habe.

Es dauert bis kurz vor Mitternacht, bis Nadja wieder richtig ansprechbar ist. Sie behauptet zwar, dass es ihr wieder besser geht, doch sie sieht noch nicht wirklich danach aus. „Was hat er mit dir gemacht?", fragt eines der Mädchen bissig und sieht mich wütend an. „Nichts", versichert sie und ich atme erleichtert auf. Es liegt also nicht an mir. Dann erzählt sie schließlich, was los ist. Dass sie eben unglücklich verliebt ist. Mit einem fragenden Blick zu mir vergewissert sie sich, ob sie weiterreden darf. Sie darf. Ich bin sogar überrascht, wie es Nadja schafft, relativ objektiv zu bleiben. Noch mehr beeindruckt mich, dass sie die ganze Geschichte so schnell verarbeitet hat. Ich brauche meistens sehr lange, um Dinge zu verarbeiten und um einen anderen Blickwinkel auf die Geschehnisse zu bekommen.

Schließlich erzählt sie: „Nina steht eigentlich auch auf dich. Aber sie kann es einfach nicht wirklich zeigen." Dann sagt sie mir alles. Die komplette Wahrheit. Dass Nina mich nur wegen dem Druck aus der Klasse gemieden hat, die Bilder von dem Filmprojekt sogar ziemlich süß findet und einfach nicht wusste, wie sie mit allem hätte umgehen sollen. Endlich bekomme ich die Antwort auf die Frage, die seit Tagen unter meinen Nägeln brennt. „Sie ist irgendwo ins Ausland gefahren, um Abstand zu bekommen. Wohin weiß ich aber auch nicht." Ich weiß nicht, ob ich lachen oder weinen soll.

Die ganze Zeit habe ich gedacht, dass Nina sauer auf mich ist und mich nicht wirklich leiden kann und jetzt stellt sich das genaue Gegenteil heraus? Nina mag mich. Jetzt ist sie irgendwo im Ausland und niemand kann oder will mir sagen, wo.

Sie zu suchen würde viel zu lange dauern. Obwohl ich gern noch länger über Nina gesprochen hätte, ruft mein Vater an, dass ich heimkommen soll. Nadja hält mich nochmal auf. „Ich habe gehört, was du vor Gericht gemacht hast", sagt sie, „aber du solltest dich nicht für etwas opfern, das jemand anderes getan hat." Sie schlägt mir vor, zur Polizei zu gehen, eine ehrliche Aussage zu machen.

Dass ich noch viel größere Pläne habe, lässt ihre Augen groß werden. „Was meinst du?" Dann erzähle ich es ihr. Dass ich mich, mit aller mir verliehenen Macht, an jedem von den Jungs rächen werde, die mir Unrecht getan haben. Das hätte ich nicht sagen sollen. „Rache ist keine Lösung", sagt Nadja daraufhin sauer. Aber sie kann mich nicht davon abbringen. In meiner jetzigen Position ist es das Beste, was ich machen kann. Einfach, um mich wieder gut zu fühlen. Aber ich weiß noch nicht recht, wie ich es anstellen soll. Schritt eins des Plans ist nach wie vor, irgendwie in die Clique von ihnen hineinzukommen, dass ich alles von innen heraus zerstören kann. Vielleicht kann Penelope mich hineinschleusen?

Ich habe Penelope lang nicht getroffen, deshalb reden wir in der ersten halben Stunde nur darüber, was bei uns beiden in der Zwischenzeit passiert ist. Erst danach kann ich auf das Thema kommen, weshalb ich mich eigentlich mit ihr treffen wollte. „Kann ich nächstes Mal mitkommen, wenn du dich mit Nick und den anderen triffst?" Es klingt ganz unverfänglich, ich frage nur so nebenbei. Penelope ist zwar etwas verwundert, trotzdem sagt sie zu. „Aber nimmt bitte etwas Alkohol mit", rät sie mir. Ich bin mir nicht sicher, ob das eine Warnung sein soll oder ob das einfach nur eine Probe ist, ob es mir auch wirklich ernst ist.

Nach dem Gespräch ist die Stimmung nicht mehr dieselbe, wir sind nicht mehr locker und leicht, sondern angespannt. Trotzdem: Schritt eins ist getan. Am Freitag treffen wir uns in der Hütte. Ich bin nicht nur für Alkohol, sondern auch für Chips und Salzstangen zuständig. Das ist mir recht. Aber ich werde nur Bier kaufen. Denn das war wenigstens legal für mein Alter. Die Jungs ignorieren mich in der

228

Schule und ich wundere mich, dass sie mich nicht darauf ansprechen. Nicht wegen des Treffens oder des Trinkens. Also kaufe ich wie geplant zwei zwanziger Kästen Bier. Das sollte für die paar Leute hoffentlich ausreichen.

Noch im Laden räume ich die Flaschen in meinen Rucksack und gebe die Kisten gleich wieder ab. Es gleicht einem Wunder, dass die Gurte des Rucksacks nicht reißen. Auch, dass ich unbeschadet Radfahren kann, auch wenn es etwas schwer ist, um Kurven zu fahren, weil sich mein neuer Schwerpunkt nicht gut regulieren lässt. Erschwerend kommt hinzu, dass es kurz zuvor geregnet hat und der Waldboden matschig ist.

In den Kurven falle ich zweimal fast hin, weil mein Fahrrad wegrutscht. Deshalb entscheide ich, die restliche Strecke zu Fuß zu gehen. Darum brauche ich zwanzig Minuten länger als geplant. Das macht mich ziemlich nervös. Das erste Mal eingeladen und schon zu spät. Mein Fahrrad stelle ich an einen Baum und schließe es ab. Ich schaue noch kurz aufs Handy, bevor ich reingehe und kein Netz mehr habe. Eine Nachricht von Nadja, in der sie mich nochmal davor warnt, mich rächen zu wollen. Ich tippe nur ein kurzes „Ich muss das tun" und gehe rein. Zu meinem Erstaunen ist nur Dimitri da. Er freut sich – und das fühlt sich echt komisch an –, dass ich gekommen bin und nimmt mir meinen Rucksack ab. Gemeinsam räumen wir die Flaschen in einen kleinen Kühlschrank auf der Empore. Wie haben die es geschafft, dass sie in dieser alten Hütte Strom bekommen? „Wo sind die anderen?", frage ich schließlich und Dimitri erklärt mir, dass eigentlich nie jemand pünktlich kommt. „Meistens schaue ich Videos, bis sie da sind." Gerade, als er den Satz fertig gesagt hat, kommt Elias herein. Er wirkt ein bisschen verwundert, mich zu sehen, sagt aber nichts.

Wir drei setzen uns schon einmal in den Stuhlkreis und unterhalten uns. Keiner macht mich runter. Keiner stellt mir unangenehme Fragen. Es fühlt sich irgendwie fremd, aber auch gut an. Draußen wird es auf einmal laut. „Das sind bestimmt Nick und die anderen", sagt Elias und tatsächlich kommt gleich im nächsten Moment Nick mit zwei Musikboxen in der Hand, kurzem T-Shirt, Jogginghose und Bauchtasche zur Tür rein.

Kapitel 25
-Penelope-

Mitten in meinem Tennistraining ruft mich David an. „Ruf bitte die Polizei, wenn ich mich nicht mehr melde", bittet er mich ohne lange Vorrede. „Ich gehe in die Hütte am Waldrand, dort soll sich anscheinend Nina verstecken. Irgendwie habe ich aber das Gefühl, dass mich dein Freund und meine Klassenkameraden ins Messer laufen lassen wollen." Dann legt er einfach auf. Wieso sollte Leon meinen besten Freund hinters Licht führen? Das kann ich mir nicht vorstellen. Was hat David denn getan, dass ihn seine Klassenkameraden nicht ausstehen können? Ich weiß zwar, dass sie ihn hänseln und ärgern – das hat er mir einmal erzählt –, doch ich hätte nicht gedacht, dass es so schlimm ist.

David hat sich generell sehr verändert. Er redet kaum noch mit mir, schreibt nicht mehr und ist sehr distanziert. Dass er mich eben angerufen hat, ist eine überraschende Ausnahme. Auch ich habe mich von ihm distanziert. Aber wer könnte mir das verübeln? Ich will einfach nichts mit dem eventuellen Täter meines verletzten Ex-Freundes machen. Auch wenn ich nicht glaube, dass er es wirklich getan hat. Aber wer sollte so etwas Abscheuliches machen? Mein Freund Leon ganz bestimmt nicht. Er wird zwar schnell eifersüchtig, aber zu so etwas wäre er nicht fähig. Nein, ganz sicher nicht.

Auf dem Weg nach Hause schreibe ich Leon an: „Hi Schatz. Meine Eltern sind über das Wochenende weggefahren. Was hältst du von einem Film und …" Ich überlege, ob ich einen Zwinker-Smiley dazu machen soll, entscheide mich aber dagegen.

Kurz vor Mitternacht hat er mir immer noch nicht geantwortet. Normalerweise lässt er doch keine Gelegenheit aus, mir zu schreiben oder herzukommen. Sein Rekord lag bei knapp fünfzehn Minuten, in denen er die Nachricht gelesen hat und von Egelsbach ans andere Ende von Langen gefahren ist, nur um so schnell wie möglich bei mir zu sein. Hat er eine Neue? Geht er fremd? Mag er mich nicht mehr? Oder ist er vielleicht einfach nur zu betrunken? Das hält ihn doch sonst auch nicht auf.

Dann fällt mir Davids Vermutung wieder ein. Kurz vor Mitternacht. So schnell ich kann, tippe ich Leons Handynummer ein. Nichts. Anscheinend kein Empfang oder er hat das Handy aus. Ich zittere. Was, wenn David etwas passiert ist? Ist das dann meine Schuld? Ich muss ihn einfach anrufen, auch wenn noch nicht Mitternacht ist. Ich zittere so stark, dass ich mich bei jeder zweiten Zahl vertippe.

Endlich schaffe ich es, es klingelt – und er geht ran. Die Anspannung fällt von mir, kaum höre ich seine Stimme. Er sagt, dass alles gut sei. Aber irgendwie hört er sich nicht so an. Er klingt so gekünstelt, abwesend, als würde er sich verstellen. Was ist passiert?

Am nächsten Abend klingelt Leon mit einem kleinen Blumenstrauß an der Tür. „Entschuldigung, dass es gestern nicht geklappt hat, ich hatte etwas Wichtiges zu erledigen", erklärte er. Ohne meine Reaktion abzuwarten, drückt er mich wieder ins Haus und fängt an, mich auf den Hals zu küssen. Ich bin so perplex und lasse ihn einfach machen. Es ist doch alles gut, oder?

Am nächsten Morgen klingelt uns sein Handy wach. Zehn Anrufe in Abwesenheit von seiner Mutter. Er geht aus dem Zimmer raus, um zu telefonieren. Viel hat er nicht mit seiner Mutter geredet, denn schon nach wenigen Minuten kommt er mit einem Lächeln zurück und legte sich neben mich. „Wieso bist du so glücklich?", frage ich neugierig. „Ich habe ein Schreiben vom Gericht bekommen.

Ich bin als Angeklagter dort. Aber keine Sorge, David wird mich entlasten." Ich schaffe es nicht, mit ihm zu lächeln. „Wieso bist du jetzt eigentlich angeklagt? Ich dachte, der Verdacht liegt auf David", will ich genauer wissen. „Irgendwie hat das Gericht Beweise gegen mich gefunden", flüstert er und zuckt mit den Schultern, als wäre das völlig in Ordnung. „Wie, Beweise gegen dich? Hast du versucht, Paul zu erstechen? Warst du das?" Meine Stimme überschlägt sich. „Bist du denn jetzt nicht glücklicher? Paul war uns nur im Weg. Es ist doch gerade gut, so wie es ist", lenkt er ab.

„Du Schwein. Du verlogenes Arschloch", schreie ich ihn an und versuche, ihn halbnackt aus dem Zimmer zu schubsen. Doch ich habe keine Chance gegen ihn. Er drückt mich zurück auf mein Bett. Meine Handgelenke fest im Griff, sodass ich nur noch wild mit meinen Beinen strampeln kann. Ich versuche, mich mit aller Kraft zu befreien, doch er ist zu stark. Ich verzweifle und fange leise an zu weinen.

Er beugte sich an mein Ohr. „Du bist und bleibst immer mein. Ich hoffe, das weißt du. Ich will keinem wehtun, doch was sein muss, muss sein. Wehr dich nicht, dann ist es für uns beide angenehmer", haucht er. Ich bin wie erstarrt, kann mich nicht bewegen. Mein ganzer Körper verkrampft sich und ich muss wider Willen schluchzen. Leon zieht sich währenddessen an. Beim Rausgehen sagte er noch: „Es muss nicht so sein wie jetzt. Wir können auch ohne Zwang zusammen sein und Spaß haben, wie vor deinen vielen Fragen. Hab dich mal nicht so." Er zieht die Tür hinter sich zu und geht.

Ich hasse ihn. Dieses verlogene Stück. Er hat Paul fast umgebracht. Welcher kranke Psychopath macht denn so etwas? Kurz durchzuckt mich wieder so ein Gedanke. Soll ich mich vielleicht selbst umbringen? Dann merkt er, wie es ist, wenn eine Person, die einem wichtig ist, plötzlich aus dem eigenen Leben verschwindet. Nein. Für diesen Dreckskerl wäre das zu viel Aufwand.

Am Tag des Gerichtstermins habe ich morgens zwei Klausuren. Ich kann mich überhaupt nicht konzentrieren. Immer wieder muss ich an das vergangene Wochenende denken, an Leon, an meine Verzweiflung. Wieso sollte David eine Entlastung für Leon bewirken wollen? Das ergibt keinen Sinn. Ich entschließe mich, zu der Verhandlung zu gehen, setze mich aber in die letzte Reihe, damit mich niemand sieht. Wo ist David? Auch Paul kann ich nirgendwo sehen, hätte es bestimmt auch nicht ertragen, nach allem, was passiert ist. Wir haben nie darüber geredet. Darüber, dass ich jetzt mit Leon gehe. Darüber, was ihm angetan wurde. Seine Eltern haben mich nicht zu ihm ins Krankenhaus gelassen, meine Nachrichten sind bis heute nicht bei ihm angekommen und seine neue Adresse kennt niemand. Wäre er jetzt hier gewesen, ich hätte nicht gewusst, wie ich reagiert hätte.

Plötzlich merke ich, wie mein Handy in der Hosentasche vibriert. Leon. „Jetzt siehst du, was passiert, wenn du dich gegen mich wendest!" Ich bekomme Panik. Was meint er? Nur wenige Sekunden später erfahre ich es. Als der Richter den angeblichen Beweis abspielt. David war es. Zumindest gibt er es in der Tonspur zu. Aber das kann nicht sein. Wieso sollte er sich für Leon opfern? Denkt Leon, dass ich David verraten habe, dass er der wahre Täter ist? Soll ich mich einmischen, riskieren, dass Leon etwas Schlimmeres gegen mich oder wen anderes plant?

Ich bin so gelähmt, dass ich nichts machen kann. Plötzlich platzte David in den Saal herein. Alles wird einen Augenblick lang still. Dann beginnen die Leute im Saal zu raunen, es wird richtig ungemütlich. Der Richter versuchte, Ruhe in das ganze Chaos zu bringen. Nachdem David Identität festgestellt ist, geht die Verhandlung weiter. Nick feuert immer wieder auf David. Von Mal zu Mal merke ich, wie er immer kraftloser wird. Er verteidigt sich nicht. Wieso verteidigt er sich nicht? Er hat keine Person hinter sich und ich kann ihm den Rücken nicht stärken, kann mich nicht zu erkennen geben. Zu groß ist die Gefahr, dass etwas Schlimmeres passiert. Nach endlosen Minuten, in welchen David angegriffen und beschimpft wird, verzweifle auch ich langsam. Ich kann mir das nicht länger mit anhören. Es geht einfach nicht mehr. Ich muss den Saal verlassen. Es tut mir leid für David, aber es geht nicht. Ich kann ihn nicht unterstützen.

Ich fühle mich so schuldig, ihm nicht geholfen zu haben. War es nicht schon Hilfe genug, ihm nicht zu helfen? In den kommenden Tagen ruft er mich dauernd an und schreibt mir Nachrichten. Er möchte reden. Ich will aber nicht, fühle mich zu schuldig. Ab und zu kommt auch abends Leon vorbei und geht am nächsten Morgen ohne ein Wort wieder. So langsam fühle ich mich wie sein Spielzeug. Habe ich aber eine andere Wahl? Ich mag ihn eigentlich. Wir haben so viel gemeinsam gemacht. Egal, wie viel Scheiße er angestellt hat, ich muss ihm einfach vergeben, so blöd das klingt. Wenn er schon eingeschlafen ist und ich noch hellwach im Bett liege und nachdenke, vibriert ab und zu sein Handy.

Da er es nicht sonderlich gut gesichert hat, lese ich mir manchmal heimlich seine Nachrichten durch. Was ich darin lese macht mich nur noch wütender. „Heute wieder Spaß bei meiner Alten gehabt", ist das Einzige, das ich über mich lesen kann. Keine liebevollen Worte, keine ehrlichen Gefühle. Diese Nachricht macht mich aber nicht so sauer, wie das, was über David geschrieben wird. „Wollen wir den Rucksack von David mit Wasser überschütten?" – „Können wir nicht Kaugummi auf seinen Stuhl machen oder ihn gleich festkleben?" – „Wie wäre es, ihn mit Panzerband auf der Schultoilette zu fixieren?" – „Wollen wir nicht bei der doofen Franzlehrerin Reißzwecken auf den Stuhl legen und sagen, dass es David war?"

Ich kann David nicht länger im Stich lassen. Ich sollte ihm eine bessere beste Freundin sein.

Kapitel 26

Nick bleibt stehen und die anderen Jungs strömen um ihn herum, als sei er der Mittelpunkt der Erde. Auch Dimitri und Elias kommen auf ihn zu und soweit wirkt alles normal – bis ich Nick begrüße. Bei unserem Handschlag zieht er mich ein Stück näher und flüstert: „Wenn du hier irgendeine Scheiße abziehen willst, bist du ein toter Mann, kapiert?"

Ich darf mir nichts anmerken, mich nicht einschüchtern lassen. Er hat etwas zu verbergen, sonst wäre er doch nicht gleich damit auf mich zugekommen. Doch an diesem Tag laufe ich in eine Sackgasse.

Keine illegalen Dinge, keine verbotenen Geheimnisse. Nur ein bisschen Wodka, aber nichts, womit ich sie ins Messer laufen lassen kann. Ich bleibe natürlich nüchtern – aber habe meinen Spaß, die Betrunkenen zu beobachten und zu filmen, wie sie kaum mehr normal reden oder stehen können. Plötzlich sehe ich Nicks Handy auf dem Tisch liegen. Er hat es anscheinend vergessen zu sperren. Das war für mich die Gelegenheit, um zu schauen, ob er nicht noch eine Kopie der Audiodatei hat. Gefunden! Schnell schicke ich sie mir und lege sein

Handy unauffällig wieder zurück an seinen alten Platz.

Weit nach Mitternacht zitiert meine Mutter mich schließlich nach Hause. Sie klingt nicht begeistert, dass ich noch mit ein paar Klassenkameraden unterwegs bin. „Du hast morgen ein Turnier!", sagt sie in ihrem üblich gestressten Tonfall. Morgen? Das ist doch erst für nächste Woche angesetzt. Weil sie es mir am Telefon nicht erklären will, muss ich letztendlich wirklich gehen. Es fällt den Jungs sowieso nicht auf, dass ich abhaue, sie können eh keinen klaren Gedanken fassen. Auf dem Weg ins Haus schaue ich selbst auf der Vereinsseite nach und tatsächlich, die Regionalmeisterschaften sind teilweise auf das Wochenende vorher gelegt worden. Weil sich Eltern beschwert haben, dass das Turnier schon am Donnerstag starten würde. Wieso beschwert man sich denn über so etwas? Wahrscheinlich wieder eine Mutter von einem Zwölfjährigen, die befürchtet, dass ihr Sohn sonst nicht genug für die Schule machen würde. Aber wieso habe ich keine Benachrichtigung bekommen? Weil meine Eltern inzwischen schon schlafen, erspare ich mir eine unnötige Unterhaltung mit ihnen. Ich weiß jetzt sowieso schon, was ich wissen muss.

Am nächsten Morgen fühle ich mich besser als erwartet. Ich habe gedacht, dass mich der Tag gestern und der kurze Schlaf komplett aus der Bahn werfen würden, aber ich fühle mich sehr gut in Form. Mein erstes Spiel ist schon innerhalb von dreißig Minuten abgeschlossen. Mein Gegner ist gerade mal vierzehn und hat kaum Kraft im Arm. Wenn ich auch nur ein bisschen härter gespielt habe, ist er gefühlt fast umgefallen. Das zweite Spiel dauert etwas länger. Nicht, weil mein Gegner so stark ist, sondern weil ich so viele Fehler mache. Aber nach unter einer Stunde hole ich auch hier den Sieg. Am nächsten Tag habe ich zwei weitere Spiele, zusätzlich noch am kommenden Wochenende.

Körperlich laugen mich die Spiele kaum aus. Sie gehen mir eher auf die Nerven. Der Tagesablauf während der Woche ist so langweilig wie ätzend: Schule, Tennis, Schlafen. Ein Trainer auf dem Nebenplatz – aus unserem Konkurrenz-Verein – hat mich sogar einen Tag gefragt: „Übernachtest du in der Halle? Du bist ja jeden Tag hier." Mir fällt das Gespräch mit meinem Vereinsleiter wieder ein. Dass sie mich nicht weiter als Trainer behalten wollen wegen dieser Tennisschule. Da kommt mir das Gespräch mit dem Trainer aus dem anderen Verein recht gelegen. „Braucht ihr noch jemanden, der Training gibt?", frage ich deshalb und tatsächlich sagt er: „Ich kann dir zwar keine festen Gruppen oder Tage anbieten, aber wenn du magst, hole ich dich sobald wie möglich als Aushilfe dazu. Leute wie dich können wir immer brauchen."

Beflügelt von der Bestätigung gewinne ich schließlich auch am kommenden Samstag beide Spiele – und stehe im Finale. Im Finale der Regionalmeisterschaften. Ich kann es kaum glauben, kann die Nacht davor überhaupt nicht schlafen.

Ich habe zwar schon öfter in Finals gestanden, trotzdem habe ich dieses Erfolgserlebnis bitter nötig. Das Spiel ist ein erbitterter Kampf meines Gegners und mir. Zwei Stunden lang schmettern wir uns den Ball entgegen, brauchen sogar eine Verlängerung. Endlich saust der Ball ein letztes Mal an ihm vorbei und ich gewinne. Endlich hat es sich einmal gelohnt zu kämpfen und alles zu geben. Endlich hat es sich einmal gelohnt, dass ich so oft trainiert habe.

Ja, diesen Sieg und die damit einhergehende gute Laune habe ich verdient. Sie bleibt mir sogar bis in der Schule am Montag. Meine Laune ist sogar so gut, dass mich ein paar Klassenkameraden fragen, was mit mir los ist. Aber das Hochgefühl verfliegt, als wir in der letzten Stunde des Tages unseren Tutor im Unterricht haben. „Ich finde erschreckend, wie ihr mit Alkohol umgeht", redet er auf uns ein und zeigt uns ein paar Videos von unserem Treffen an der Hütte. Wo hat er die her? Hat uns jemand verraten und versucht, die Schuld auf mich zu schieben? „Alkohol ist keine Lösung – also rein chemisch schon." Er lacht allein über seinen eigenen Witz. „Aber in der Realität macht er mehr Probleme, als er löst." Niemand aus der Klasse sagt etwas, deshalb sinniert er weiter. „Zufälligerweise habe ich vor kurzem erst einen handlichen Alkoholtester gekauft. Na, jemand von euch Lust, ihn auszuprobieren?" Er klingt so entspannt, aber da ist auch etwas Herausforderndes in seiner Stimme. Dann kommt mir eine Idee. Ich weiß, dass Nick und ein paar andere aus der Klasse gestern noch trinken waren – sie trinken gefühlt ständig – und ich rechne nicht damit, dass der Alkohol schon abgebaut ist. Deshalb melde ich mich.

Ein kleiner Vertrauensbeweis zum Schutz der anderen. Natürlich zeigt die Anzeige eine Null, nachdem ich reingepustet habe. Ich hoffe, die Jungs wissen, dass es eine Rettungsaktion meinerseits war. Aber mit ihrer Dummheit kann ich immerhin nicht rechnen. „Noch jemand?", fragt nämlich der Lehrer und holt eine Flasche Bier aus seiner Tasche. „Wer es ausprobiert, bekommt das hier." Sofort schießen ein paar Finger in die Luft. Unter diesen Fingern ist auch der von Nick.

Was für ein Vollidiot. Seinem verwirrten Blick nach hat er erwartet, das Bier trinken zu dürfen, bevor er in das Gerät pusten muss. Als unser Lehrer das bemerkt, sagt er nur: „Es wäre doch unverantwortlich, wenn ich einem Schüler während des Unterrichts ein Bier anbieten würde und ihn zusätzlich noch auffordere, es zu trinken." Nach einigem hin und her muss Nick tatsächlich in das Gerät pusten. Die Zahl, die herauskommt, kann ich leider nicht lesen, aber sie muss sehr hoch sein. Zumindest wirkt unser Lehrer ziemlich erschrocken. „Du solltest vielleicht ein bisschen bewusster mit Alkohol umgehen", sagt unser Tutor noch immer ziemlich lässig, wirkt sogar stolz darauf, aufgedeckt zu haben, dass manche Schüler alkoholisiert in den Unterricht kommen.

Das macht Nick sauer. Natürlich nicht auf den Lehrer – sondern auf mich. „Nur weil David uns alle verpfeifen musste", schimpft er. „Ausgerechnet, wenn er einmal dabei ist, kommen *zufällig* solche Videos an die Öffentlichkeit." Selbst wenn ich mich rechtfertigen will, ich weiß doch auch nicht, woher der Lehrer solche Videos hat. Es kommt mir vor, als habe ich das gesamte Vertrauen wieder verspielt.

Schon am nächsten Tag erreicht uns ein Rundschreiben der Schule, in dem die Eltern aufgefordert werden, besser auf den Alkoholkonsum ihrer Kinder zu achten. Zusätzlich werde es ab sofort unangekündigte Kontrollen geben und sich das Trinkverhalten bei Beeinträchtigung des Unterrichts auch negativ auf die Noten des Arbeitsverhaltens auswirken. Natürlich gibt es eine Abmahnung und einen blauen Brief. Am Freitag beim Treffen der Gruppe wird das Hauptthema sein, da bin ich mir sicher. Ich fahre wieder zur Hütte am Waldrand – diesmal ohne Getränke – und werde beim Reinkommen von Dimitri empfangen. Er stellt gerade, direkt hinter den Eingang auf zwei Bierkästen, eine Box mit der Aufschrift „Handys" auf. Seines liegt schon drin und er fordert mich auf, meines dazu zu legen.

Erst eine Stunde später tauchen Nick und die anderen auf und es geht den Großteil des Abends darum, wie es weitergehen soll. „Freitag und Samstag reichen doch zum Trinken", schlage ich irgendwann vor, „und Sonntag könnte man dann ohne Alkohol auskommen." Aber dieser Vorschlag wird von Nick schon im Keim erstickt. „Darum geht es nicht. Die Frage ist, wie wir trinken können und ein gutes Ergebnis bei den Alkoholtests hinkriegen. Sowas wie 'ne Ausnüchterungstablette." Das sollte mal jemand erfinden. „Oder wir kommen am Montag einfach nicht, wenn es Sonntag zu viel war", überlegt Elias. „Das fällt nur auf", schaltet sich Dimitri ein. „Dann testen die am Ende nur noch mehr, weil sie sich bestätigt fühlen." Meinen Vorschlag, sich einfach ein halbes oder ganzes Jahr vorbildlich zu verhalten, damit das Ganze von selbst wieder aufhört, findet keiner der Anwesenden gut. Besonders Nick verdreht jedes Mal die Augen, wenn ich anfange zu reden.

Ist er sauer auf mich? Aber ich war das mit den Videos nicht! Irgendwann, als alle Vorschläge ausgesprochen und keiner wirklich hilfreich ist, wechselt das Thema zu Computerspielen, Hardware und Mädchen.

Gerade beim letzten Thema kann ich nicht wirklich mitreden, weil ich noch nie eine richtige Freundin gehabt habe. Deshalb höre ich eigentlich nur zu. Irgendwie erzählen sie Geschichten darüber, wie sie mit ihren Freundinnen umgehen, die sich ganz anders anhören als die in meinen Vorstellungen.

Sie erzählen nicht, wie sie versuchen, den Mädchen eine Freude zu machen, sondern es geht mehr darum, dass die Jungs sich anhimmeln lassen wollen und sie das Sagen in der Beziehung haben. Warum lassen sich die Mädchen das gefallen? So toll sind Nick und seine Freunde jetzt auch nicht gerade. Wieso bekommen solche Typen trotzdem eine Freundin und ich nicht? Bin ich nicht hübsch, nicht cool genug? Habe ich irgendetwas an mir, das aussagt, dass ich als fester Freund nicht zu gebrauchen bin? Irgendetwas muss es doch sein. Irgendwann werden mir die Gespräche zu langweilig – ja sogar zu deprimierend – und ich will gehen.

Nick springt direkt auf. „Ich komm mit", sagt er und ich lasse ihn, weil ich nicht unhöflich sein will. Die anderen, die uns begleiten wollen, wimmelt er gekonnt ab. Ist das jetzt gut oder schlecht, dass Nick mit mir allein sein will? Wir gehen durch den Wald bis zur Schnellstraße nach Egelsbach. Wir reden kein Wort und ich würde die Konversation auch nicht starten. Ich weiß überhaupt nicht wie. Wofür interessiert sich Nick, außer Sport? Irgendwann sagt er etwas, das ich niemals erwartet habe. „Entschuldige", beginnt er in die Stille hinein. „Wir hatten einen schlechten Start, was hältst du davon, wenn wir nochmal von vorn anfangen?" Ich versuche, den skeptischen Blick zu verbergen. Was will er damit bezwecken? Trotzdem stimme ich zu. „Hast du eine Ahnung, wie die Videos in Umlauf gekommen sind?", fragt er mich nach einer Weile. „Ich weiß nicht mal, wer sie gemacht hat", antworte ich und mir kommt ein Gedanke. „Vielleicht jemand, der mich nicht leiden kann, der wusste, dass der Verdacht gleich auf mich fällt." Nick sieht mich ein wenig misstrauisch an, sagt aber nichts mehr dazu. Stattdessen fordert er mich auf, meine Loyalität zu testen. „Wenn du wirklich dazugehören willst, dann hilf mir, in der Schule ein bisschen Alkohol zu verticken."

Kapitel 27
-Nadja-

Schon in der ersten Woche nach den Winterferien liege ich krank im Bett. Ich habe mich eigentlich wirklich auf die Schule gefreut, endlich mal wieder produktiv sein, aber jetzt langweile ich mich zuhause und vertreibe mir die Zeit mit Lesen und Schulaufgaben. Ich probiere mehrmals, Nina anzurufen, aber sie geht nicht ran. Vielleicht ist ihr Handy mal wieder kaputt oder der Vertrag ausgelaufen. Aber schon in der nächsten Woche merke ich, dass Nina auch nicht in der Schule ist – und niemanden scheint zu interessieren, warum. „Es geht ihr bestimmt gut", meint unser Tutor nur, als ich ihn darauf anspreche. Was aber jetzt im neuen Jahr fast noch kurioser ist: David wirkt plötzlich ganz still im Unterricht.

Er sagt kaum etwas und tippt meistens nur wild auf seinem Laptop herum. Er scheint nicht wirklich anwesend zu sein. Gegenüber den anderen verhält er sich auch komisch. Nicht nur, dass er wieder mehr mit den Jungs rumzuhängen versucht, die ihm so viel angetan haben. Er scheint gleichzeitig mich völlig zu ignorieren – liegt das vielleicht an meinem Brief? Ich hätte wissen müssen, dass David einfach weglaufen würde, wie er es bei Nina getan hat.

Ich muss ihn darauf ansprechen. Nachdem er mich mit den Worten „Ich kann dir das nicht erklären, du verstehst es sowieso nicht", abwimmeln will, folge ich ihm in der Pause zum Waldrand. Im Wald angekommen, dreht er sich plötzlich um. Er hat anscheinend bemerkt, dass ich ihm gefolgt bin. Er will schon anfangen zu reden, aber ich unterbreche ihn direkt. Ich muss einfach wissen, ob es an dem Brief liegt. Sein Blick zeigt eine Mischung aus Planlosigkeit und Verwunderung. Als er dann auch noch fragt, welchen Brief ich meine, denke ich: „Ich hätte es nie, nie, nie ansprechen sollen!" Jetzt gibt es kein Zurück mehr. Ich muss es ihm erklären. Die Idee, einen Brief mit einem Tintenkiller zu schreiben, habe ich einmal in einem Film gesehen. Das ist so romantisch. Aber in dem Film hat der Mann ganz genau gewusst, was er tun muss. David aber scheint keinen Schimmer zu haben.

Weil die Glocke uns unterbricht, flüstere ich ihm im Klassenzimmer nur noch „Versuch es mal mit Tinte" zu und hoffe, dass er dann schon darauf kommt. Vielleicht ist es auch gut, dass David den Zettel nicht entschlüsseln kann, überlege ich nachher. Vielleicht passt er auch einfach nicht zu mir. Es ist gar nicht so schlimm, wenn er nicht weiß, was darauf steht. Es ist ihm bestimmt sowieso egal. Der Verdacht bestätigt sich am nächsten Morgen.

Er hat ihn gelesen. Das merke ich schon an der Art, wie er auf mich zugeht. Jetzt gibt es kein Zurück mehr. Ich probiere, meine Aufregung zu verstecken. Was wird er wohl sagen? Bestimmt hat in die Nachricht gefreut. Aber was erwarte ich eigentlich von ihm? Jetzt ist es zu spät, darüber nachzudenken. Immerhin steht er schon vor mir, druckst ein bisschen herum und murmelt etwas, das ich zuerst gar nicht verstehe. Das kann nur etwas Schlechtes bedeuten. Ich fasse allen Mut zusammen, den ich habe, und frage nochmal, was er gesagt hat.

Er mag ein anderes Mädchen. Es ist bestimmt Nina. Es muss Nina sein. Egal, wer es ist: Ich bin es nicht. In der darauffolgenden Englischstunde kann ich mich nicht mehr konzentrieren. Ich lasse mich abholen. Es geht mir gar nicht gut, vielleicht eine Grippe. Ich habe geglaubt, die Krankheit überstanden zu haben.

Ich ignoriere die Nachrichten, die David mir die nächsten Tage andauernd schreibt. Ich lese sie nicht einmal. Genauso, wie es Nina mit mir macht. Was habe ich ihr getan, dass sie sich nicht bei mir meldet? Ich habe die Hoffnung schon verloren, dass sie mir irgendwann antwortet. Trotzdem schreibe ich ihr weiter. „Wie geht es dir?" oder „Habe ich was falsch gemacht?" Irgendwann kommt tatsächlich eine Antwort. „Alles gut, du hast nichts gemacht. Wie geht es dir und den anderen? Gibt's was Neues?"

Keine Begründung, wieso sie sich erst jetzt meldet. Keine Info, wo sie sich aufhält. Ich muss es einfach wissen. „Ich brauche einfach eine Auszeit", antwortet sie schließlich, „deshalb bin ich weiter weggefahren." Auf meine weiteren Fragen, wo sie jetzt ist und was sie macht, antwortet sie nicht mehr. Ob David einer der Gründe ist, warum sie gegangen ist? Sie hat die Karte gelesen, die er mir ins Krankenhaus gebracht hat. Hat ihr Verschwinden etwa damit zu tun? Dabei sind ihre Sorgen völlig unberechtigt. Er mag mich sowieso nicht auf die Weise … Ich habe zum Glück keine Zeit mehr, darüber nachzudenken, denn wir treffen uns zum Singen und Beten in der Gemeinde. Wir proben noch nicht lange, da klingelt auf einmal mein Handy. Schnell stelle ich es auf lautlos und eile nach draußen, um den Anruf anzunehmen. „David war eben hier", sagt mir mein Vater. „Er hat nach dir gesucht." Ich will nicht mit ihm reden. Ich habe ihm mein Herz vor die Füße gelegt und er hat einfach nein gesagt.

Als ob er etwas Besseres bekommen könnte, als mich. Wahrscheinlich will mich Gott vor ihm beschützen. Wieso aber schickt er ihn dann zu mir nach Hause? Das Singen fällt mir nach dem Telefonat deutlich schwerer, aber niemand fragt mich, was los ist. Sie denken bestimmt, dass das an der vergangenen Krankheit liegt. Als sich kurz darauf die Tür öffnet und ich mich umdrehe, sehe ich David. Was macht er hier? „Ich will nicht mit ihm reden", flüstere ich Benedikt zu, der breit lächelnd zu ihm an die Tür kommen will, um ihn zu begrüßen.

Er stellt keine Fragen und schafft es sogar, dass David wieder geht. Benedikt kommt mit einem fragenden Blick zu mir zurück. „Was ist los zwischen euch?", will er wissen und ich erzähle ihm alles. „Was soll ich denn machen?", frage ich beinahe verzweifelt und wundere mich über das, was er sagt. „Ich glaube, er braucht dich, also als Freundin", überlegt Benedikt. „Er wartet unten. Du solltest mit ihm reden." Ich habe nicht wirklich damit gerechnet, dass er noch da ist, aber David sitzt draußen und starrt in sein Handy.

Anscheinend liegt ihm viel an unserer Freundschaft, sonst wäre er doch nicht so lange geblieben. Er fragt auch gleich, was er machen könne, damit ich ihm verzeihe. Mir fällt nichts ein. Jedenfalls nichts Sinnvolles. Nur, dass ich wissen will, wer dieses Mädchen ist, das er mag. Habe ich das laut gesagt?

David runzelt die Stirn. Er sagt es mir sowieso nicht. Wieso sollte er? Aber er verrät es.

Ich hatte Recht: Er mag Nina. Nina, die wahrscheinlich deshalb gegangen ist, weil sie David nicht mehr unter die Augen treten will. Nina, die sich für das schämt, was sie getan hat. Das kann doch alles nicht sein.

Das muss ein Witz sein. Mir wird schwindelig. Dann geht alles recht schnell, ich merke, wie mir jemand die Treppe rauf hilft und mich auf die Couch legt. Keine Ahnung, wie viel Zeit vergeht, aber irgendwann fragen mich die Mädchen aus der Gemeinde, ob David schuld daran ist, dass ich so blass bin. Also erzähle ich ihnen, was los ist. Es fühlt sich gut an, darüber zu reden. Irgendwie. Als David schließlich gehen will, eile ich ihm nochmal hinterher. Denn durch das ganze Gefühlschaos habe ich etwas Wichtiges vergessen: Er hat sich vor Gericht geopfert. Obwohl ich Nächstenliebe wichtig finde, geht das eindeutig zu weit. Das sage ich ihm auch, aber auf seine Antwort bin ich nicht gefasst. Es ist nicht nur das, was er sagt. Auch, wie er es sagt. Dieser Ton ist irgendwie gruselig, als wäre er davon besessen, sich an unserer Klasse zu rächen. Obwohl ich ihn sogar ein bisschen verstehen kann, will mir dieser Tonfall nicht aus dem Kopf gehen.

Kapitel 28

Alkohol an Minderjährige verkaufen – wie soll ich das anstellen? Wieso macht Nick sowas überhaupt? Nur für das Geld? Das ist doch viel zu riskant. Ich will mir gar nicht vorstellen, was passiert, wenn ich erwischt werde. Aber ich muss das Vertrauen der Gruppe gewinnen.

Nick nennt mir gleich am ersten Tag ein paar Kinder, die mir bestimmt etwas abkaufen wollen. Er will mir einen Zettel mit deren Namen zustecken, aber ich behaupte, ich will mein eigenes Netz aufbauen. Das will ich eigentlich gar nicht. Aber Nick würde mitbekommen, wenn ich keinen von diesem Zettel ansprechen würde. Die Preise sind nicht ganz so teuer, wie ich es am Anfang vermutet habe. Deshalb überlege ich, mir den Alkohol einfach selbst abzukaufen und ihn an Penelope weiterzugeben. Das sollte ich mir mit dem Geld, das ich als Trainer verdient habe, leisten können.

Das klappt anfangs auch recht gut, obwohl es schmerzt zu sehen, wie mein Erspartes immer weniger wird. „Na, wie läufts?", will Nick aber irgendwann wissen und auch, mit welchen Kindern ich

Kontakte geknüpft habe. Ich kann nicht anders, als zu lügen. Als er dann aber die Preise erhöht, kann ich die Kosten nicht mehr alleine stemmen. „Es will niemand mehr was", lüge ich deshalb, aber Nick glaubt mir nicht. Anscheinend vertraut er mich auch nicht, denn er will, dass Dimitri mich morgen begleitet.

Ich muss mir einen Plan überlegen, wie ich Nicks Vertrauen gewinnen kann, aber gleichzeitig keinen Alkohol an Minderjährige verkaufen muss. Obwohl es ganz schön riskant ist, beschließe ich, zur Schulleitung zu gehen. Als ich reinkomme, bemerken mein Tutor und der Schulleiter mich nicht. Sie reden gerade über irgendeine Person aus meiner Jahrgangsstufe. „Ihr geht es soweit gut in Barcelona, sie will aber weiterhin nicht, dass irgendjemand von ihrem Aufenthalt dort erfährt", höre ich noch, dann sehen sie, dass ich reingekommen bin und verstummen augenblicklich.

Es geht also um jemanden den ich kenne? Etwa um Nina? Am liebsten hätte ich direkt nachgefragt, aber ich bin aufgrund einer Mission hier. Ich muss die Schulleitung über Nicks Machenschaften aufklären. Natürlich will mir zuerst niemand glauben, da sich Nick in Gegenwart von Lehrern immer sehr sozial gibt und ich immerhin der – noch nicht bewiesene – Gewalttäter bin. Aber ich kann sie von meinem Plan überzeugen: Ich kläre mit der Schulleitung ab, dass ich einen Jungen aus der zehnten Klasse einweihe, der mir den Alkohol abkaufen soll. Dann könne er die Flasche als Beweis zur Schulleitung bringen. Der Plan wird abgesegnet und ich spreche noch am selben Tag mit dem Jungen einen Jahrgang unter mir.

Alles geht glatt. Er kommt zur geplanten Zeit an den geplanten Ort und Dimitri kann beobachten, wie ich den Alkohol verkaufe. Nicht ganz so geplant läuft es, als der Junge mit der Wodka-Flasche direkt zum Lehrerzimmer geht. Aber umso besser: Er bekommt zwar blöderweise eine Strafe dafür, weil er Alkohol in der Schule dabei hat, aber gleichzeitig führt die Schule dann eine Razzia durch, deckt Nicks Handel auf und trotzdem habe ich ihm den Vertrauensbeweis gebracht und nachweislich meine Arbeit richtig gemacht. Zu meinem Erstaunen hat das für Nick aber keine großen Konsequenzen.

Er muss nur dem Hausmeister helfen. Zum ersten Mal hat ein Plan wirklich einwandfrei funktioniert, auch wenn Nicks Strafe sehr mild ist.

Nun zurück zu den wichtigen Dingen: Nina lebt jetzt in Spanien. Ich weiß nicht, was ich darüber denken soll.

Hauptthema ist es schließlich, die Klassenfahrt zu planen, die wir nach den Osterferien unternehmen wollen. Unsere Französischlehrerin hat den Vorschlag gemacht, nach Frankreich zu fahren, will uns bei ein paar Aktionen und Ausflügen aber die Entscheidung überlassen. Mit einer klaren Regel: Keine Drogen, Zigaretten oder Alkohol. Zum Leidwesen von der Gruppe von Nick. Auch ich hätte nichts dagegen gehabt, abends am Strand an einem Bier zu nippen. Aber die Schule hat beschlossen, dass selbst für alle über sechzehn zu verbieten.

Die Möglichkeit, Ausflüge mit zu planen, hört sich besser an, als es ist. Dürfen wir im Meer schwimmen? Nein, die Schule will keine Verantwortung dafür übernehmen, denn nicht genügend Lehrer haben den Rettungsschwimmer gemacht. Auch alle anderen coolen Ideen werden einfach übergangen. Nick und seine Freunde versuchen fleißig, die Lehrer zu überreden, zumindest Bier zuzulassen, aber die Schulleitung bleibt hart. Allgemein heißt es: Wenn bis nach den Ferien keine umsetzbaren Ideen kommen, entscheiden die Lehrer allein, was auf der Klassenfahrt unternommen wird.

Die Osterferien nutze ich, um meine Recherchearbeit weiterzumachen. Ich höre einige Male die Datei an, die Nick vor Gericht vorgespielt hat. Immer und immer wieder. Manchmal höre ich auch nur kurze Stellen in Dauerschleife.

Irgendwas hört sich daran komisch an. Nicht nur, dass ich mich nicht mehr erinnern kann, dieses Gespräch jemals geführt zu haben. Es wirkt alles so unfassbar künstlich. Sogar auf der Fahrt zu unseren Verwandten – wir haben kaum zwei Stunden gebraucht, weil Papa wohl der Meinung gewesen ist, einen Geschwindigkeitsrekord brechen zu müssen – und auf der Heimfahrt höre ich die Audiospur immer und immer wieder an, bis ich sie auswendig mitreden könnte. „Du musst nicht so schnell fahren", höre ich Mama trotz Kopfhörer irgendwann sagen und sehe, wie sie ihre Finger in die Autotür krallt. „Das spart uns nur ein paar Minuten." Papa nickt, steigt aber nicht vom Gas und sagt nur: „Es sind die Kleinigkeiten, die es ausmachen." Kleinigkeiten. Es sind die Kleinigkeiten. Er hat Recht. Die kurzen Worte, die ich auf Nicks Fragen immer sage. Das Ja und das Nein.

Es klingt jedes Mal gleich. Kommt es mir deshalb so künstlich vor? Hat Nick die Datei also wirklich gefälscht? Lässt sich das vielleicht irgendwie überprüfen? Wenn ja, dann hätte ich endlich einen Beweis dafür, dass er lügt. Ich muss es der Polizei einfach mitteilen. Auch wenn mich Nick und alle anderen danach hassen. Aber ich will wirklich nicht zu Unrecht beschuldigt werden. Das ist meine Chance. Bei der Polizei treffe ich viele bekannte

Gesichter und erinnere mich wieder an die Ereignisse, die Verfolgung und Beschattung, die gefühlt schon ewig zurückliegen. Auch scheinen sie sich noch an mich zu erinnern – natürlich, wer vergisst schon den Jungen, der seinen Klassenkameraden angeblich ermorden wollte? Schließlich bringt mich jemand zur Abteilung für Beweismittel.Hier bin ich noch nie gewesen. Es gleicht schon fast einem Labor, einem hoch modernen Labor. Der Mitarbeiter, dem ich zugeteilt werde, will direkt wissen, was ich denn von ihm will. Er wirkt gestresst oder schlecht gelaunt. Oder beides. Ich zeige ihm die Datei. „Lässt sich feststellen, ob das gefälscht ist?", will ich wissen und kann das Glücksgefühl gar nicht beschreiben, als er antwortet: „Ja, aber es dauert und es sollte auch schon gemacht worden sein, wenn es als Beweis vor Gericht war." Das ist egal. Hauptsache ich habe das Band abgegeben und irgendjemand schaut es sich noch einmal an.

Kapitel 29

Nadja hat mich mal wieder zu einer Bibelstunde eingeladen. Speziell wegen Ostern. Ich überlege, ob ich ihr erzählen soll, was ich über Nina herausgefunden habe. Dass sie in Barcelona ist. Aber am Ende ist sie verletzt, weil es Nina ihr nicht persönlich erzählt hat.

Nadja scheint zu bemerken, dass ich hadere. „Alles in Ordnung bei dir?", fragt sie und ich kann es nicht länger für mich behalten. „Komm mit", bitte ich sie und wir gehen vor die Tür. „Ich weiß etwas von Nina", fange ich an und Nadjas Augen werden groß. „Sie ist in Spanien, aber das darf anscheinend niemand wissen. Ich habe gehört, wie unser Schulleiter darüber geredet hat." Ohne darauf etwas zu sagen, holt Nadja ihr Handy heraus und tippt eine Nachricht an Nina. Ich kann nur Wortfetzen erkennen, aber anscheinend will sie sich vergewissern, ob das wirklich stimmt. „Sie weicht der Frage aus", sagt sie leise und eher zu sich, als zu mir. „Will wissen, wer das behauptet."

Bevor ich sie davon abhalten kann, tippt sie meinen Namen ein und schickt sie Nina. Kaum hat sie die

Nachricht gelesen, geht Nina offline. Alle weiteren Versuche, sie zu kontaktieren, laufen ins Leere. Nachrichten kommen nicht mehr an und Anrufe gehen gar nicht erst durch. „Soll ich sie besuchen?", frage ich Nadja nach mehreren vergeblichen Versuchen, Nina nochmal zu erreichen. Diesmal weicht sie der Frage aus: „Wir wissen doch gar nicht, wo genau sie ist." Das ist kein Nein. Es ist bestimmt eine schöne Geste, wenn ich zu ihr nach Spanien kommen und sie besuchen würde. Ich mag sie wirklich, schon seit unserer ersten Begegnung, aber gerade deshalb fällt es mir so schwer, sie um eine Verabredung zu bitten. Vor allem, nachdem sie mir einen Korb gegeben hat. Also: Wie komme ich nach Spanien und wie soll ich mir dort ein Hotelzimmer leisten? Was würden meine Eltern sagen? „Ich will nach Barcelona, um ein Mädchen zu suchen, das ich mich Zuhause nie habe ansprechen trauen" ist vielleicht kein guter Einstieg in das Gespräch.

Meine Eltern sind zwar echt kulant in solchen Dingen, auch wenn ich Mal etwas Ausgefalleneres mache, aber ich glaube nicht, dass sie diesmal zustimmen würden. Schon gar nicht, wenn ich mich alleine auf die Suche mache. Denn sie sind zwar kulant, dafür aber auch sehr besorgt um mich. Aber wenn ich jemanden mitnehme? Ich könnte doch mit Penelope nach Spanien fahren.

Noch auf dem Weg nach Hause schreibe ich ihr und weil sie nicht einmal zehn Minuten später zusagt, frage ich meine Eltern. „Ist das nicht ein bisschen kurzfristig?", überlegt Mama und auch Papa meint: „Die Flüge sind wahrscheinlich unbezahlbar." Zum Glück habe ich gut vorgearbeitet und bereits günstige Last-Minute-Flüge rausgesucht. Weil ich mich um alles schon gekümmert habe und nur noch auf „Buchen" klicken muss, stimmen sie schließlich zu. Schon zwei Tage später treffen wir uns um sechs Uhr morgens am Flughafen. Erst als alle Eltern weg und alle Verabschiedereien erledigt sind, kläre ich Penelope auf, warum ich wirklich nach Spanien will. „Du willst wegen einem Mädchen nach Barcelona?", fragt sie sicherheitshalber nochmal nach und ich nicke. Nicht irgendein Mädchen. Wegen Nina.

Um uns erstmal zu klimatisieren, schauen wir uns am ersten Tag die Stadt an. Nina will ich erst danach besuchen.

Natürlich habe ich einiges an Recherchearbeit betrieben, bevor wir losgeflogen sind. Ich habe herausgefunden, welche Schulen ein Austauschprogramm haben und auch, wann dort der Unterricht beginnt.

Wo sie wohnt, weiß ich nicht, doch ich weiß auf welche Schule sie wahrscheinlich geht. Sie wäre nicht die erste Schülerin unserer Schule, welche einen Austausch in Spanien macht und alle gingen bisher auf dieselbe Schule.

Dort würden wir sie bestimmt finden. Zumindest ist so der Plan gewesen, aber ich traue mich einfach nicht. „Du fliegst extra hierher, aber dann bringst du es nicht fertig, zu ihr zu gehen?", lacht Penelope, aber es hilft nichts. Natürlich will ich nicht, dass die Geschichte so endet. Aber ich probiere es einfach morgen.

Auf jeden Fall morgen, weil wir schon am Sonntag wieder zurück nach Deutschland fliegen. Schließlich zwingt mich Penelope bereits am Freitag um sieben Uhr früh, zu Nina zu gehen. Mit der U-Bahn geht es ein Stück außerhalb und gerade als wir aussteigen wollen, sehe ich an der nächsten Tür ein Mädchen stehen. Ist das Nina? Ich schlängle mich durch die anderen Fahrgäste, will näher an sie heran, mich vergewissern. Die Türen des Zuges öffnen sich, sie eilt los und dreht sich noch einmal kurz um. Das ist Nina! Sitzt sie etwa schon die ganze Zeit im selben Zug? Wieso habe ich sie nicht erkannt? „Lauf ihr nach", ruft Penelope mir hinterher. Hat Nina mich gesehen? Ist sie deshalb losgelaufen? Penelope schubst mich leicht, aber ich bleibe stehen. Ich kann Nina nicht hinterher. Das wäre doch bestimmt komisch und vielleicht auch ein bisschen gruselig. „Das ist wahrscheinlich deine einzige Chance", sagt Penelope schließlich und ist es letztendlich, die Nina hinterher eilt. Eine weitere U-Bahn hält und immer mehr Menschen strömen an mir vorbei.

Es dauert nicht lange, da verliere ich Nina und Penelope aus den Augen, auch wenn ich mich noch so hastig durch die Massen quetsche. Sie ist doch eben noch am Kiosk gewesen?

Penelope geht nicht an ihr Telefon, Nina ist spurlos verschwunden und ich stehe inmitten eines Bahnhofsgebäudes und weiß nicht, was ich machen soll. Ich bewege mich einfach nicht von der Stelle, lasse die Menschen an mir vorbeirauschen, bis irgendwann – bestimmt eine halbe Stunde später – Penelope wieder auftaucht.

Was hat sie denn die ganze Zeit gemacht? Wieso grinst sie so siegessicher. „Ich habe Nina eingeholt", ruft Penelope mir entgegen und wedelt mit einem Zettel um sich. „Wir können sie besuchen. Hier, die Adresse." Penelope drückt mir den Zettel in die Hand.

Ich lasse mich auf die erste Bank sinken, die ich finde. Da steht tatsächlich eine Adresse. Nina will, dass wir vorbeikommen, doch ich bin mir nicht mehr sicher, ob ich das schaffe. „Na, was ist? Bekommst du Muffensausen?"

Penelope setzt sich neben mich, nimmt mir den Zettel ab und stopft ihn in ihre Handtasche. „Wir müssen nicht hin, wenn du nicht willst." Aber wenn wir nicht vorbeikommen, wird Nina bestimmt enttäuscht sein. Immerhin sind wir doch deshalb hier, oder?

Um mich auf andere Gedanken zu bringen, lotst Penelope mich ins Stadtzentrum. Wir schauen uns ein paar Sehenswürdigkeiten an, probieren ein ortsübliches Restaurant aus und vertreiben uns die Zeit damit, herumzuirren und nicht zu wissen, was wir unternehmen sollen.

Kein einziges Mal reden wir über Leon oder Paul. Wir sind einfach nur hier, als beste Freunde, als hätte es die gesamten vergangenen Monate nicht gegeben. Wie damals, als wir noch fast jeden Tag miteinander verbracht haben, bevor sie sich plötzlich für Jungs interessiert hat, die ihr der Reihe nach das Herz brechen. Ich habe ein bisschen das Gefühl, sie ist mitgekommen, um vor Zuhause zu fliehen. Vielleicht, um vor Leon zu fliehen und allem, was passiert ist. Vor ihren Gedanken. Aber zu sehen, wie sie lacht – wirklich lacht – und nicht einmal darüber redet, sich selbst etwas anzutun, zeigt mir, dass es die richtige Entscheidung war, sie mit hierher zu nehmen. Als es dann dunkel wird, wollen wir wieder zurück ins Hotel. „Ich habe einen schnelleren

Weg gefunden", sagt Penelope und zieht mich zu einer anderen U-Bahnlinie. Ich hätte ihr nicht vertrauen sollen. Denn als wir am anderen Ende der Stadt aussteigen und sie mich zu einem Hochhaus führt, wird mir klar, dass wir nicht wirklich in der Nähe des Hotels sind. „Was machen wir hier?", frage ich und als Antwort zieht sie den Zettel aus seiner Jackentasche. Wir sind bei Nina. Ich habe noch nicht einmal Zeit zu protestieren, da klingelt Penelope schon und mit einem tiefen Surren springt die Tür kurz danach auf. Penelope winkt mich herein und ich muss ihr folgen. Ich kann ja schlecht vor der Tür stehen bleiben. Aber was soll ich sagen? Wir steigen die Treppen hinauf. Auch wenn es nur drei Stockwerke sind, fühlt es sich so an als wären es dreißig. Mit einem vergewissernden Blick auf den Zettel deutet Penelope auf eine der Wohnungstüren. „Na los, klopf!" Aber ich kann nicht. Ich weiß nicht, was ich sagen soll. Weil ich zögere, klopft Penelope schließlich selbst. Dann bemerke ich, wie sie abhaut. Ich will ihr folgen, aber gerade als ich mich umdrehe, höre ich ein unsicheres „Hallo?" hinter mir. Es ist nicht Ninas Stimme. Ich drehe mich ganz langsam zurück. Es ist tatsächlich nicht Nina. Es ist ein anderes Mädchen. Das schönste Mädchen, das ich jemals gesehen habe.

Kapitel 30
-Nina-

Ich muss in den dritten Stock und weil es keinen Aufzug gibt, schleppe ich meinen Koffer Stufe für Stufe hoch. Vor der Tür muss ich erst einmal durchatmen, bevor ich nach dem Schlüssel krame, den mir der Schulleiter gegeben hat. Aber da öffnet sich schon die Tür und ein Mädchen steht im Türrahmen. Ich schrecke auf und sehe direkt in das Gesicht des Mädchens, das ich im Flugzeug getroffen habe. Eine Weile blicken wir uns gegenseitig mit großen Augen an, dann fangen wir gleichzeitig an zu lachen. Was ist das denn bitte für ein heftiger Zufall? „So sieht man sich wieder", sagt sie schließlich und streckt mir eine Hand entgegen. „Fiona", begrüßt sie mich mit einem förmlichen Knicks, als treffen wir uns eben zum ersten Mal.

„Nina", antworte ich lachend und verbeuge mich ebenfalls leicht. Gemeinsam schleppen wir meinen Koffer und den Rucksack in die Wohnung. Diese ist größer, als ich erwartet habe. Wir haben eine geräumige Wohnküche, zwei Schlafzimmer und ein gemeinsames Bad. „Ich habe jetzt einfach das Zimmer da drüben genommen", sagt Fiona und deutet auf die offene Zimmertür. „Komm erstmal an und dann machen wir die Innenstadt unsicher, was hältst du davon?"

Auf dem Weg erzählen wir uns alles, wofür wir im Flugzeug keine Zeit gehabt haben. „Wieso soll niemand wissen, dass du hier bist?", fragt sie mich schließlich, als ich ihr erzähle, dass ich bewusst ganz alleine weggefahren bin. Obwohl ich mir ein bisschen verrückt vorkomme, erzähle ich ihr von David, Nadja und meiner Klasse.

„Ich brauche einfach Abstand von daheim", sage ich am Ende meiner Erzählung und Fiona nickt bestätigend. „Wem sagst du das. Meine Eltern nerven mich ständig, dass ich so schlecht in allen Fremdsprachen bin. Spanisch, Englisch. Sie wollen ständig, dass ich neue Vokabeln lerne und irgendwann hat es mir gereicht. Deshalb habe ich eine Sprachreise nach Amerika gemacht und jetzt bin ich hier. Aber eins reist immer mit mir mit: Der Druck, besser in der Sprache zu werden."

Also erwartet sie genau das Gegenteil: Während ich mich hier entspannen und meine Probleme vergessen will, kann sie sich wahrscheinlich gar nicht ausruhen.

Schon nach wenigen Tagen wird es zu unserem Ritual, uns mittags in ein Café zu setzen und zu plaudern. Über alles, was uns in den Sinn kommt. Habe ich jemals mit jemandem so offen reden können?

Irgendwann beginnt auch der reguläre Unterricht und die Zeit vergeht viel zu schnell. Es macht richtig Spaß, Fächer zu haben, die es in Deutschland gar nicht gibt, wie: „Educación para la Ciudadanía", was so viel bedeutet wie: „Bildung für die Unionsbürgerschaft". Wir lernen auch schnell spanische Schüler kennen, mit denen wir unsere Freizeit verbringen. Abwechselnd werden wir immer zu anderen Mitschülern zum Essen eingeladen und das hilft vor allem auch, um die Sprache in echten Situationen anzuwenden und nicht nur in den theoretischen Schulstunden.

Die Verbesserung merke ich schnell. Zumindest das Verstehen und Reden läuft super, aber die Schreibweise ist mir manchmal immer noch ein Rätsel.

Auf einmal ist schon Ostern. Endlich habe ich Gelegenheit, die Einkaufsliste abzuarbeiten, die meine Eltern mir mitgegeben haben. Vor allem Mama wünscht sich ein paar Klamotten, die es nur hier zu kaufen gibt. Ich habe es in den vergangenen Wochen wirklich geschafft, mich von den Gedanken an Zuhause zu befreien. Bis Nadja mir wieder schreibt. „Stimmt es, dass du in Barcelona bist? Wieso hast du nichts erzählt?"

Minutenlang starre ich auf mein Handy und weiß nicht, was ich antworten soll. Meine ausweichende Nachricht ignoriert sie und als ich erfahre, dass David es irgendwie erfahren und ihr davon erzählt hat, kann ich dem Impuls nicht standhalten, mein Handy durch das Zimmer zu werfen.

David, wieso ausgerechnet David? Ich kann nicht mehr, ich will nicht mehr. Wie hat er das herausgefunden? Spioniert er mir etwa nach? Fiona eilt in mein Zimmer und ruft gleich alarmiert: „Was ist kaputt?" Sie sieht das Handy, das an der Wand abgeprallt ist und jetzt auf dem Boden liegt, und setzt sich zu mir auf das Bett. „Was ist passiert?"

Ich erzähle ihr, dass David herausgefunden hat, wo ich bin. „Der gleiche David, der die Fotos online gestellt hat und bei eurer ersten Begegnung von dir abgehauen ist?", fragt Fiona sicherheitshalber nach und ich nicke. „Ich habe ihn verletzt und jetzt will er mir wahrscheinlich dasselbe antun", überlege ich laut. „Er wird allen erzählen, wo ich bin und genau das ist es doch, was ich vermeiden wollte." Ich verzweifle langsam. Wieso holen mich meine Probleme von Zuhause sogar hier ein?

Um mich auf andere Gedanken zu bringen, geht Fiona mit mir an den Strand. Die Wellen haben eine beruhigende Wirkung auf mich. Wir unterhalten uns noch lange, bis Fiona schließlich sagt: „Vor ein paar

Wochen noch hast du erzählt, dass er dir viel bedeutet. Aber mal ehrlich: Hast du in den letzten Tagen auch nur einmal an ihn gedacht?" Dann spricht sie etwas aus, das ich im ersten Moment nicht glauben kann, mir im zweiten aber irgendwie eingestehen muss:

„Vielleicht bist du gar nicht verliebt in ihn, sondern nur in das Verliebtsein." Wieso muss ich erst für einen Monat nach Barcelona abhauen, um das zu begreifen? Am liebsten will ich hier nie mehr weg. Aber bald muss ich zurück nach Deutschland, ich will unsere Klassenfahrt nach Nizza nämlich unter keinen Umständen verpassen.

Darauf freuen Nadja und ich uns schon das ganze Jahr. Nadja, ich muss sie anrufen! Mit ihr über alles reden.

Es dauert ein paar Tage, bis ich mich dazu überwinden kann. Sie geht sofort an ihr Handy. „Es tut mir alles so leid, wie es gelaufen ist", fange ich an, aber sie unterbricht mich. „Jaja, darüber reden wir ein anderes Mal. Erstmal viel wichtiger: David kommt nach Spanien!"

Ich lasse vor Schreck mein Handy fallen. Was? Schnell sammle ich das Telefon wieder auf. Das kann nicht wahr sein. Warum sollte er herkommen? Etwa wegen mir? „Ganz vielleicht habe ich ihm erzählt, dass du in ihn verliebt bist." Nadja kichert. Aber mir ist nicht nach kichern.

Das ist eine Katastrophe! „Ist das nicht romantisch?" Nein, ist es nicht. Absolut nicht. Das kann doch alles nicht wahr sein. Wieso passierte das immer mir? Zu allem Überfluss ist sogar Fiona richtig aufgeregt, ihn endlich mal zu treffen.

Keiner scheint zu kapieren, dass das auf gar keinen Fall passieren darf!

Das ist nicht nur unheimlich peinlich, sondern ich muss ihm dann auch noch zum zweiten Mal einen Korb geben! Nein, er wird nicht herkommen. Das muss ein Missverständnis sein. Selbst wenn, er weiß sowieso nicht, wo ich wohne.

Barcelona ist groß. Er hat keine Chance, mich zu finden. Ich schaue jeden Tag nervös auf mein Handy, ob David irgendwas ins Internet postet, was mit Spanien zu tun hat.

Die Ferien in Deutschland sind schon fast um, er kann also sowieso nicht mehr herkommen. Sollte er wirklich hier sein, muss er spätestens bis Sonntag wieder nach Hause und zur Schule. Meine einzige Hoffnung ist, dass er mich nicht findet und abreist.

Die letzten Osterferien-Tage in Deutschland sind die längsten Tage meines Lebens. Als spielt das Schicksal mir einen miesen Streich, sehe ich tatsächlich David in der U-Bahn. Ich sitze schon im

Zug, als er zusteigt und drehe mich, so schnell ich kann, weg. Er wird mich nicht erkennen. Ganz bestimmt nicht. Spüre ich da seinen Blick?

Ich traue mich nicht, hinzusehen. Ich muss einfach so tun, als würde ich ihn nicht kennen. Die Fahrt ist eine einzige Tortur, aber endlich hält sie an meiner Haltestelle und ich eile nach draußen. Ich schiebe mich durch die Menschenmenge und erkenne aus den Augenwinkeln, dass David aussteigt. Er darf mich auf keinen Fall einholen.

So muss David sich gefühlt haben, als er bei unserer ersten Begegnung losgelaufen ist. Ich drehe mich noch einmal zur Kontrolle um. Uff, ich habe ihn abgehängt. Ich höre auf zu laufen und atme kurz auf.

Schon im nächsten Moment spüre ich eine Hand an meiner Schulter. Verdammt! Ruckartig drehe ich mich um und … es ist gar nicht David. Es ist ein Mädchen. „Du bist doch die verschwundene Nina", sagt sie mit einem frechen Grinsen im Gesicht. Wer ist das? Kenne ich das Mädchen? Es kommt mir irgendwie vertraut vor.

Im Schnelldurchlauf erzählt sie mir, wer sie ist, warum sie und David hier sind und dass es ewig gedauert hat, David zu überreden, mich aktiv zu suchen. „Jetzt haben wir dich gefunden, aber er traut sich nicht, du kennst ihn ja", schließt sie ihre Erzählung ab und ich werde schwach. Ich weiß nicht, ob es daran liegt, wie sie mit mir redet oder tatsächlich nur daran, was sie sagt, aber ich gebe ihr tatsächlich meine Adresse. Kaum dreht sie sich um und geht zurück, bin ich mir nicht mehr sicher, ob ich glücklich sein sollte oder eher daran verzweifle, dass David mich wahrscheinlich besucht.

Kapitel 31

Ihre Haare sehen aus als wie vergoldet – ich merke erst nach einer Weile, dass das von den Lampen kommt, die im Flur hängen. Die gelockten Spitzen liegen auf ihren Schultern. Die Augen sind dunkelblau und sehen mich direkt an, sie strahlen regelrecht. Ihre Lippen formen sich zu einem dezenten Lächeln.

Ich bin sprachlos. Moment, bin ich nicht wegen Nina hier? Nach einer Weile sagt sie etwas und ich komme mir blöd vor, bisher nur vor ihr gestanden und sie angestarrt und jedes Detail aufgesaugt zu haben. Zum Beispiel, dass ihre Socken dasselbe Rosa haben wie ihre Strickjacke. „Suchst du jemanden?", will sie wissen und legt den Kopf schief. Ihre Stimme rüttelt mich wieder wach. „Äh, ja, ich wollte, also ich will … Wohnt Nina hier?" Das Mädchen nickt. „Nina ist gerade unterwegs." Weil ich darauf zuerst wieder nicht reagiere, sagt sie schließlich: „Ich bin übrigens Fiona. Du musst David sein?" Sie kennt meinen Namen? Was hat Nina ihr von mir erzählt? „Könntest du … also magst du ihr sagen, dass ich da war oder … also du könntest mir deine Nummer geben, dann kann ich …?", kommen die Worte über meine Lippen, die ich zuvor noch nie ein Mädchen gefragt habe.

„Klar, gib mal dein Handy, ich trag dir meine Nummer ein." Sie tippt auf meinem Handy herum und ruft sich selbst an, hinter ihr klingelt es. „Wunderbar." Sie hat so ein schönes Lächeln. Geistesgegenwärtig nehme ich mein Handy zurück und stecke es zurück in die Hosentasche. „Also dann", sagt sie zum Abschied und macht die Tür zu.

Ich bleibe einfach nur stehen, zu überwältigt bin ich von diesem Anblick. Sie kommt mir so bekannt vor, aber ich bin mir sicher, sie nicht zu kennen. Fühlt es sich so etwa an, wenn es einfach passt? Oder habe ich sie wirklich schon einmal gesehen? Penelope dauert es anscheinend zu lange, denn sie kommt wieder her. Als sie meine Trance bemerkt, packt sie mich am Arm und schleift mich weg.

Ich bin wie benebelt. „Wie war's?", will sie auf dem Weg ins Hotel wissen und anstatt einer Antwort – ich kann es nicht in Worte fassen – zeige ich ihr den Kontakt in meinem Handy. Sie zieht die Augenbrauen hoch. „Also war Nina anscheinend nicht da?", fragt sie nach und ich schüttle den Kopf. Damit lässt sie das Thema auf sich beruhen.

„Wollen wir die Mädels einladen und eine Kleinigkeit essen?", fragt Penelope mich am nächsten Tag, als wir durch die Innenstadt laufen. Ich weiß nicht recht. Irgendwie weiß ich seit gestern gar nichts mehr. Nicht einmal, warum ich wirklich hier bin.

Sollte ich Nina vielleicht gar nicht treffen? Das Schicksal scheint dagegen zu spielen. Weil ich zögere, greift Penelope seufzend nach meinem Handy und tippt eine Nachricht an Fiona. Wieso ausgerechnet an Fiona? Hätte Penelope nicht von ihrem Handy aus Nina schreiben können? Man, was denkt Fiona jetzt wohl, dass ich gleich am nächsten Tag nach einem Treffen frage? Also nicht ich, aber sie weiß ja nicht, dass Penelope die Nachricht verfasst hat. Ich bin überrascht, als ihre Antwort kommt. „Ich kenne ein super Restaurant, typisch spanisch, ganz nah am Strand."

Sie kommt nur wenige Minuten nach uns an. Alleine. Zur Begrüßung umarmt sie uns, ich bin das gar nicht gewohnt und es ist auch viel zu schnell wieder vorbei. „Entschuldigt, ich habe mich irgendwie in der Zeit verschätzt. Nina hat leider keine Zeit, aber ich bin ja da." Sie lächelt schon wieder so strahlend. „Die Paella hier ist spitze, die müsst ihr probieren." Das tun wir. Sie schmeckt einfach klasse. Im Vergleich mit dieser Paella, können alle Restaurants in Deutschland einpacken. Es versteht sich natürlich, dass ich das Essen auch für die beiden Mädchen bezahle. Als ich Fiona mir gegenüber sitzen sehe, wie sie mich lieb anlächelt und für das Essen bedankt, fällt es mir wieder ein. Ich habe sie schon einmal so gesehen. Ich bin mir ganz sicher. Mit diesem dankbaren Lächeln, mir gegenübersitzend, aber mir will einfach nicht einfallen, woher ich sie kenne.

Anschließend spazieren wir zum Strand. „Echt ein super Zufall, dass wir Nina gestern getroffen haben", lügt Penelope. Wenn es Zufall ist, jemandem hinterher zu reisen und sich dort aufzuhalten, wo die Person vermutlich ebenfalls ist, dann ja, dann ist es ein Zufall. Ich berichtige Penelope aber nicht. Fiona muss ja nicht wissen, dass ich nur wegen Nina hergekommen bin. Der Wind ist am Strand etwas stärker und weil die Sonne inzwischen untergegangen ist und nur noch ein paar kleine Lichter von Schiffen am Horizont zu sehen sind, wird es ziemlich kühl.

Fiona zittert. „Willst du meine Jacke?", biete ich ihr deshalb an. Ich lege ihr die Jacke sanft auf die Schultern, während sie mich dankbar anschaut.

Mit Fiona ist es irgendwie anders. Ich bin es gewohnt von Mädchen und ihrem ständigen Gequatsche genervt zu sein, wie so oft bei Penelope, oder kein Wort in ihrer Nähe herauszubringen, wie bei Nina. Aber mit Fiona rede ich einfach und ich höre mir gern an, was sie sagt. Wir setzen uns in den Sand und reden bis kurz nach Mitternacht. Ich habe irgendwann sogar Penelope ausgeblendet, obwohl sie immer wieder auch etwas sagt.

Natürlich bringen wir Fiona nach Hause und die Umarmung zum Abschied fühlt sich so warm und echt an, dass ich erst jetzt kapiere, dass man auch schon in meinem Alter diese Anziehung spüren kann. Dieses Gefühl, bei einer Person sein zu wollen, sie einfach nur anzusehen und ihr zuzuhören. Ich kann gar nicht aufhören, an sie zu denken.

Der ganze Tag, der gemeinsame Abend, es ist alles etwas, von dem ich dachte, dass nur im Traum existiert. Täusche ich mich, oder ist das, was ich spüre, Liebe?

An unserem letzten Tag kaufe ich Souvenirs und für meine beiden Omas je eine Postkarte. In Gedanken bin ich irgendwo zwischen Fiona und Zuhause und erschrecke deshalb beinahe, als ich sie mit Nina am Katalonien-Platz sehe. Sind sie wegen uns hier? Ich habe Fiona heute Morgen geschrieben, dass wir hierherkommen würden, bevor wir abreisen. Aber damit gerechnet, sie zu sehen, habe ich nicht.

Sie kommen auf uns zu und es ist irgendwie komisch, beiden gegenüberzustehen. Nicht deshalb, weil ich schon lange nicht mit Nina geredet habe – sondern, weil ich eigentlich wegen ihr hier bin, aber nun wegen Fiona nicht nach Hause möchte. „Entschuldigt, dass ich gestern keine Zeit hatte", sagt

Nina. „Es war so ein toller Abend", steigt Fiona mit ihrer fröhlichen Art gleich darauf ein. „Weil ihr mich gestern heimbegleitet habt, bringen wir euch heute zum Flughafen."

Die knappe halbe Stunde bis zum Flughafen geht viel zu schnell vorbei und nun müssen wir uns wirklich verabschieden. Es passiert etwas, womit ich nicht gerechnet habe.

Während sie mich umarmt, gibt mir Fiona einen kleinen Kuss auf die Wange und flüstert ein leises: „Danke." Als wäre nichts gewesen, dreht sie sich wieder um, nimmt Nina an die Hand und winkt uns zum Abschied beim Weggehen. Schon schiebt mich Penelope zur Sicherheitskontrolle, ehe ich darüber nachdenken kann, was das zu bedeuten hat.

Den gesamten Flug über lassen mich die Gedanken nicht los. Vor allem auch daran, dass ich von dieser Reise nicht bekommen habe, was ich wollte – dafür aber etwas viel Besseres gefunden habe.

Meinen Eltern erzähle ich auf der Heimfahrt alles, außer unser Aufeinandertreffen mit Nina und Fiona. Dafür werde ich beim übrigen Teil besonders ausführlich, dass sie sich nicht fragen, was wir in der restlichen Zeit womöglich angestellt haben.

Obwohl ich am liebsten ständig an den Urlaub denken würde, sind die nächsten Wochen geprägt von Klausuren und der Planung unserer Klassenfahrt.

Weil natürlich niemandem mehr etwas eingefallen ist, das uns die Lehrer erlauben, haben diese sich selbst um das Programm gekümmert.

Es ist so viel los, dass ich völlig überrascht bin, als die Polizei mich zwei Wochen nach den Ferien anruft. An die habe ich ja überhaupt nicht mehr gedacht.

„Es geht um das Beweisstück", sagt der Mann am Telefon knapp. „Komm am besten einfach mal vorbei." Das mache ich dann auch.

Es ist gerade Mittag, weswegen nicht viele Polizisten auf den Fluren unterwegs sind. Ich weiß aber noch, wo ich hinmuss, und gehe in das Laborartige Zimmer. Dort ist diesmal ein anderer Beamter, der zwar relativ neu, gleichzeitig aber ziemlich kompetent wirkt und sich besser mit der Technik auszukennen scheint als sein Vorgänger.

Ich sage ihm, warum ich hier bin und der Polizist holt sofort die zugehörigen Akten heraus. „Das Band dürfte gefälscht sein. Wir konnten deine Antworten übereinander legen und sie hatten alle die gleiche Wellensignatur. Uns sind auch im Hintergrundrauschen einige kleine Fehler anhand der Tonwellen aufgefallen", sagt er schließlich, klappt die Mappe vor sich wieder zu und sieht mich abwartend an. Da ist so etwas wie Erleichterung. Aber so wirklich alle Fragen sind trotzdem nicht geklärt.

„Was heißt das jetzt für mich?", frage ich den Polizisten und der zuckt mit den Schultern. „Dass das Ganze jetzt nochmal vor Gericht kommt." Tatsächlich kommt nur wenige Tage später der Brief vom Gericht. Der Termin ist zwei Tage vor unserer Abreise nach Frankreich angesetzt.

Nick wird sich ganz schön gewundert haben, nochmal vorgeladen zu werden. Beim Gerichtstermin wird ihm vermutlich sofort klar, dass ich ihn verraten habe. Wer sonst hätte seine Audiodatei nochmal überprüfen lassen? Es fühlt sich gut an. Jetzt halte ich die Zügel in der Hand. Sie können nichts mehr tun, keine neuen Beweise herbeizaubern. Jetzt ist Nick dafür dran, dass er die Strafe auf mich abwälzen wollte. Nick bekommt wegen falscher Verdächtigung einige Zeit auf Bewährung und eine saftige Geldstrafe. Kaum verlasse ich den Gerichtssaal, fühlt sich alles neu an. Es ist vorbei, endlich ist es vorbei! Die ganze Geschichte hat ein Ende. Das denke ich zumindest.

Kapitel 32

Schon einen Tag nach der Verhandlung, nur wenige Stunden vor der Klassenfahrt, läuft unser Klassenchat, in welchen ich und Nadja freundlicherweise von Dimitri wieder aufgenommen wurden, förmlich heiß. Zwischen Absprachen, wer mit wem im Zimmer schläft und was wir mitnehmen sollen, schlägt Nick jetzt vor, auch Alkohol in den Koffern zu verstecken.

„Die Lehrer wollen die Koffer kontrollieren", erinnert Nadja schließlich alle und die Idee wird verworfen. Das heißt, auch kleine Konsolen, um abends damit auf dem Zimmer zu spielen, sind keine Option, wir dürfen ja nicht einmal unsere Handys über Nacht behalten.

Ich werde meine Konsole trotzdem mitnehmen. Dann muss ich sie eben in der Nacht abgeben, doch für die Fahrt würde es bestimmt reichen. Bis zwei Uhr morgens schläft im Bus sowieso niemand. Schon allein deshalb, weil Nina wieder da ist und mit Fragen bombardiert wird.

Außerdem werden diejenigen, die einschlafen, von den anderen fotografiert und finden sich bestimmt bald im Internet. Ich vertreibe mir die Zeit mit meiner Konsole, schaue Videos auf dem Handy oder höre Musik. Ich kann einfach nicht einschlafen, selbst wenn ich wollte. Das kann ich auf Nachtfahrten nie.

Am nächsten Morgen kommen wir dann endlich am Hotel in Nizza an. Es ist nicht sonderlich hübsch, aber wahrscheinlich das Beste, was wir als Schulklasse bekommen können. Ich teile mir ein Zimmer mit Dimitri. Es hätte mich wirklich schlechter treffen können. Obwohl alle wie gerädert sind von der größtenteils schlaflosen Nacht, hetzen unsere Lehrer uns gleich schon zur ersten Tour.

Wir besuchen den Strand zu dem berühmten Zeichen mit der Aufschrift *#ILoveNice* und spazieren dann an den auf einer Erhöhung liegenden Park.

Die Mädchen jammern schon nach den ersten Stufen. „Es ist zu heiß für sowas anstrengendes." Ja, der Aufstieg ist anstrengend, aber der Ausblick lohnt sich. Man sieht Nizza, den Hafen und den Strand.

Bis Mitternacht sind wir unterwegs und sollen am nächsten Tag schon um sieben wieder auf dem Weg zum nächsten Programmpunkt sein. Mit Entspannung hat die Klassenfahrt nicht viel zu tun.

Der Naturpark, bei dem wir von einem Schatten zum nächsten eilen. Die Altstadt, die aussieht wie von Künstlern gemalt. Die schmalen Gassen mit ihren kleinen Geschäften voller französischer Spezialitäten. Ich weiß nicht warum, aber ich stelle mir vor, wie es wäre, alle diese Orte mit Fiona zu besuchen.

Nach dem Mittagessen haben wir dann endlich Freizeit bis zum Abendessen. Dimitri und ich sind mit Nadja und Nina unterwegs, erkunden die Gassen und suchen nach einem günstigen Restaurant. Wir decken uns mit Mitbringsel für die Familie ein und spazieren durch die Stadt.

Mich wundert, dass Nina bis jetzt noch nicht wirklich mit mir geredet hat. Nicht über Fiona, nicht über den Besuch in Spanien, rein gar nichts. Ich halte mich zurück, obwohl ich am liebsten wissen will, wie es Fiona geht.

Beim Abendessen frage ich sie schließlich zumindest, wie es ihr in Spanien gefallen hat. Sie weicht der Frage aus, genauso wenn Nadja oder sonst jemand fragt, deshalb gebe auch ich irgendwann auf. Dann eben nicht. Trotzdem geht mir Fiona nicht aus dem Kopf. Als wir am Strand den Sonnenuntergang beobachten und fotografieren, wünsche ich mir, dass sie hier wäre. Aber was würde das ändern? Ich kann noch nicht einmal mit Nina wirklich reden, wie sollte ich es mich dann bei einem wildfremden Mädchen trauen? Ich würde sie nicht einmal ansprechen können, selbst wenn sie hier wäre. Aber … ist es mir nicht in Spanien so leichtgefallen, mit ihr zu sprechen und Späße zu machen?

Ich setze mich ein bisschen abseits auf den steinigen Untergrund und schaue in den Himmel. Keine Ahnung wie lange, aber irgendwann sind nur noch ein paar Jungs am Strand und ich will mich zu ihnen setzen. Aber dazu komme ich nicht. „Wie wäre es, wenn du abhaust?", fragt Nick bissig, „dahin wo du hingehörst. Allein ohne Freunde."

Er ist sauer, klar. Kurz überlege ich, mich trotzdem hinzusetzen, aber er sieht mich herausfordernd an. Klar ist er noch sauer. Damit habe ich rechnen können. Womit ich aber nicht gerechnet habe, ist, dass nicht einmal Dimitri zu mir hält. Da erkennt man mal wieder, dass ihm das Ansehen der Gruppe wichtiger ist. Also gehe ich, laufe die Uferpromenade hinauf und setze mich auf die Mauer. Einsam, allein.

Weil es am nächsten Tag nach Monaco geht, müssen wir sogar noch früher aufstehen. Wir machen eine Tour mit einer Autoeisenbahn, können sehen, wo die Rennwagen normalerweise entlangrasen und kommen an haufenweise teuren Schiffe und Yachten vorbei. Wir beobachten den Wechsel der Wachen vor dem Palast und müssen uns schließlich auf ein Planspiel einlassen, das unsere Französischlehrerin vorbereitet hat.

Während des Planspiels können wir uns die Stadt anschauen. Trotzdem müssen wir verschiedene Aufgaben zu Monaco auf Französisch lösen, ohne Internet. Dafür müssen wir kreuz und quer durch Monaco laufen. Ihr ist auch völlig egal, dass wir Hunger bekommen.

Schließlich gibt es noch ein Klassenfoto – natürlich in unseren selbst erstellten Klassenpullis, bei dreißig Grad im Schatten. Wir werden von der Sonne komplett durchgegart, weil wir noch auf ein paar Schüler warten müssen, die irgendeinem Prominenten hinterhergelaufen sind.

Als wäre das nicht schon genug Programm, gibt es auf dem Rückweg nach Nizza noch eine Führung durch eine Parfümerie von Herstellung bis Verpackung.

Danach ging es schnell zurück ins Hotel, Abendessen und auf die Zimmer. Für den Strand ist es schon zu spät.

Am vorletzten Tag geht es dann nach Cannes. Zuerst bringt uns eine Fähre auf die Insel Sainte-Marguerite, wo früher einmal ein Gefängnis gestanden hat. Nick kann sich den Kommentar: „David, solltest du nicht auch eigentlich im Gefängnis sitzen?" nicht verkneifen, aber ich ignoriere ihn. Ich habe keine Angst mehr vor ihm. Das scheint er zu merken, weil seine Kommentare weniger, belangloser, teilweise sogar so witzlos werden, dass nicht einmal Elias lacht.

Nun hat die Natur sich das Gefängnis zurückerobert und es ist nur noch eine Ruine. Zurück auf dem Festland streifen wir durch Cannes, bis wir kurz vor der geplanten Fahrt zurück ins Hotel Richtung Bus laufen.

Er wartet direkt am Strand auf uns. Entgegen des Verbots, dass wir nicht im Meer schwimmen dürfen, stürzen sich ein paar Schüler hinein und werfen einige kreischende Schülerinnen voraus. Weil sie klatschnass sind und der Busfahrer das überhaupt nicht witzig findet, verteilt er Mülltüten, in die sie wie in riesige blaue Windeln schlüpfen müssen, dass die Sitze nicht nass werden.

Das sieht nicht nur witzig aus, sondern die ganze Fahrt zum Hotel hört man es auch von überall rascheln. Mein Plan, die Nacht durchzumachen, um tagsüber auf der Heimfahrt im Bus besser schlafen zu können, ist übrigens keine gute Idee gewesen.

Die Sonne scheint direkt in die Fenster hinein und hält uns alle wach. Wenn nicht die Sonne, dann die lautstarken Gespräche. Nick will mir anscheinend schon wieder mein Handy klauen, aber diesmal wird es Dimitri, welcher neben mir sitzt, zu bunt und nimmt mein Handy in Obhut.

Ich blinzle kurz, als ich es bemerke. So wenig, dass die zwei nicht sehen, dass ich wach bin. Ein kleines Lächeln kann ich mir nicht verkneifen. Zwar sagt Dimitri nichts, aber er macht Nick mit einer Geste klar, dass er endlich damit aufhören soll, mich ständig zu ärgern.

Kapitel 33
-Fiona-

David ist da. Das erzählt Nina mir gleich völlig aufgebracht, als sie endlich an der Schule ankommt.
Eine Freundin von ihm hat sie an der U-Bahn auf-
gehalten und sie hat ihr unsere Adresse gegeben. Ich
könnte quietschen vor Aufregung.
Ich habe schon einiges von diesem David gehört
und muss ihn jetzt endlich einmal kennenlernen.
Dieser Junge ist ein Mysterium.
Ständig ist er Thema, gesehen habe ich ihn aber
noch nie. Ein Bild will mir Nina nämlich nicht zeigen. Ich habe langsam sogar das Gefühl gehabt, der
Junge existiert gar nicht. Aber er ist da. Jetzt kommt
sie nicht aus. Ich werde definitiv dabei sein, wenn
er uns besucht. Ich werde endlich erfahren, wie er
aussieht. „Wieso hast du ihr eigentlich die Adresse
gegeben?", frage ich Nina beim Abendessen. Sie
zuckt nur mit den Schultern. „Dass David dich besuchen kann – oder dass diese Penelope dich besuchen kann?", hake ich nach und lache, aber Nina
sagt immer noch nichts. Na gut, dann wechsle ich
eben das Thema.

Wir haben noch nicht einmal den Tisch abgeräumt, da klingelt es auf einmal. Ich stürme gleich zum Fenster, um rauszuschauen, wer da ist. Nina kann ihre Neugier auch nicht zurückhalten. Ein Junge und ein Mädchen – das müssen sie sein. Ich drehe mich zu Nina um und ihr Blick verrät alles. Ja, das sind sie! Bevor sie mich aufhalten kann, drücke ich auf den Öffner. „Lass sie nicht rein!", fleht sie auf mein freches Grinsen hin. „Komm schon, die sind extra für dich hierhergekommen. Also nicht nur hierher. Sogar bis nach Spanien", bettle ich und jemand klopft an der Wohnungstür. Wir können sie nicht ewig warten lassen.

Nina presst die Lippen aufeinander und schüttelt den Kopf. „Ich bin nicht da", flüstert sie, als könnten die beiden draußen sie sonst hören. Dann verschwindet sie in ihr Zimmer. Ich werfe seufzend den Kopf nach hinten, dann mache ich die Wohnungstür auf. Da steht nur noch einer.

David. Er sieht viel besser aus als in den ganzen Erzählungen, auch wenn er ein bisschen verwirrt wirkt, als er mich sieht. Aber ansonsten strahlt sein Blick so etwas aus wie Klarheit, ist gleichzeitig stark und sanft und irgendwie hat er was.

Es dauert nur einen Augenblick, bis ich mich an ihn erinnere. Ich habe ihn schon mal getroffen, in diesem Café. Er ist schnell abgehauen und seitdem suche ich immer, wenn ich daran vorbeigehe, mit dem Blick ab, ob er dort sitzt. Er ist es. Ich bin mir absolut sicher. Er sagt lange gar nichts.

Ich habe – wider meiner Natur – auch irgendwie keine Worte, die ich aussprechen kann. Was muss das für ein Zufall sein? Zufall, Schicksal, dass er, ausgerechnet er, jetzt ausgerechnet hier vor der Tür steht. Sowas passiert doch nicht einfach so? Irgendwann frage ich ihn endlich, warum er hier ist. Er stammelt etwas von Nina, irgendwie ist es süß, dass er stammelt. Das muss wirklich David sein.

Wieso hat Nina mir nicht gesagt, dass er so gut aussieht? „Nina ist gerade unterwegs", kläre ich ihn auf und ich bin mir nicht sicher, ob da auch nur ein Funke Enttäuschung in seinem Gesicht ist. Sieht zumindest nicht so aus. „Ich bin übrigens Fiona", sage ich schnell, aus Angst er könne sich sonst einfach umdrehen und gehen. Ein bisschen habe ich die Hoffnung, dass er sich an unsere erste Begegnung erinnert. „Du musst David sein?" Er nickt und dass er mich danach nach meiner Nummer fragt, hätte ich nie erwartet, so unwohl wie ihm das ganze Aufeinandertreffen gerade ist. Aber natürlich gebe ich sie ihm. Gar keine Frage.

Hätte er nicht gefragt, hätte ich es gemacht. Aber so gefällt es mir besser, denn er ist der erste Junge, der mich nach meiner Nummer fragt. Ich strecke meine

Hand aus und irgendwann versteht er, dass er mir sein Handy geben soll. Ich tippe die Nummer ein, rufe mich selbst kurz an, um auch seine Nummer zu haben und halte es ihm wieder entgegen.

Er wirkt verwundert, beinahe erschrocken. Als habe er nicht damit gerechnet, dass ich ihm so bereitwillig meine Kontaktdaten überlasse. Irgendwie ist David genauso und doch komplett anders, wie ich ihn mir vorgestellt habe.

Seine Körpersprache zeigt Dominanz und Selbstsicherheit, aber seine Stimme ist ganz anders. Sanft, schüchtern. Eine komische Kombination. Weil er anscheinend immer noch nicht wirklich weiß, was er sagen soll, verabschiede ich mich schließlich und schließe die Tür.

Nina hat das Gespräch belauscht – natürlich – und steht jetzt mit weit aufgerissenen Augen in ihrer Zimmertür. Ihr Blick sagt mehr, als Worte es könnten. Es ist dieser Blick, als würde sie etwas wissen, doch es nicht sagen wollen. Ein Blick, als würde sie schon erahnen, was als nächstes passiert.

Das weiß sie anscheinend auch. Denn sie ist überhaupt nicht überrascht als ich anfange zu schwärmen. „Der sieht ja super aus", juble ich und möchte am liebsten alles über ihn wissen. Was ist los mit mir? Ich bin doch sonst nicht so?

Jungs interessieren mich eigentlich nicht. Die meisten von ihnen sind Idioten und bisher habe ich mich erfolgreich von ihnen ferngehalten. Wieso hat es dieser aber geschafft, mich so aus der Bahn zu werfen? Was es auch ist, ich muss alles über ihn wissen und ich will ihn unbedingt wiedersehen. Was, wenn er mit mir dasselbe abzieht wie mit Nina? Wenn er sich nicht meldet, vielleicht sogar vor mir wegläuft. Nein, es ist anders. Es muss anders sein. Ich bin ihr nämlich in einer Sache voraus: Er ist nicht abgehauen, nein, er ist sogar in der Tür stehen geblieben, bis ich sie zugemacht habe.

Wer weiß, ob er noch immer davor steht. Soll ich nachschauen? „Sag nicht, du stehst auf ihn?" Nina klingt beinahe entsetzt. Ich lächle nur, zucke mit den Schultern und räume endlich summend den Tisch ab.

Ich habe nicht erwartet, dass David sich meldet. Nina wohl auch nicht. Wir sind zumindest gleichermaßen überrascht, als er uns zum gemeinsamen Essen einlädt. Seine Nachricht kommt fast zeitgleich mit der eines spanischen Freundes, der uns für heute Abend zu einem Geburtstag eines Bekannten einlädt.

„Ist klar, was wir machen", sage ich und Nina nickt. „Wir gehen auf die Feier", sagt sie in einem Tonfall, als glaubt sie wirklich, ich hätte dasselbe

294

geantwortet. „Wir gehen zu David", halte ich dagegen. Die Idee findet Nina nicht so toll wie ich, also entscheiden wir uns, heute Abend getrennte Wege zu gehen. Wir verabschieden uns an der Bahnstation und ich tippe David die Adresse eines Restaurants in der Nähe des Strandes ein, in dem ich bisher jedes Mal super gegessen habe.

Dort warten die Jungs dann auch schon auf mich und ich winke ihnen überschwänglich zu. Mist, sieht das doof aus, wenn ich so winke? Ich umarme beide zur Begrüßung und habe irgendwie das Gefühl, als ist David das unangenehm. Der Abstand zwischen uns ist enorm. Er wirkt nicht so, als umarmt er häufiger Leute. Ansonsten läuft es aber gut. Wir reden die ganze Zeit und auch nach dem Essen, als wir zum Strand gehen, hören die Gespräche nicht auf.

Sie erzählen von ihrer Zeit hier in Spanien und dass sie Nina zufällig hier getroffen haben. Hm, die Version der Geschichte, die ich kenne, klingt irgendwie anderes. Wie genau das ganze abgelaufen ist, ist mir aber egal. Wichtig ist nur, dass sie jetzt hier sind. Dass David jetzt hier ist. Als es dunkler wird merke ich, dass ich meine Jacke vergessen habe. In der ganzen Aufregung, was ich anziehen soll, habe ich das nicht einkalkuliert. David scheint es zu merken und bietet mir ungefragt seine Jacke an.

Am Strand ziehe ich meine Schuhe aus und grabe die Zehen in den noch warmen Sand. David und Penelope lassen sie an und probieren, dass kein Sand in ihre Schuhe kommt. Das sieht komisch aus. Weil es ihnen irgendwann zu blöd wird, setzen sie sich hin. Ich platziere mich direkt neben David, lehne mich sogar an ihn. Wir reden noch lange miteinander, starren in die Dunkelheit, nur die Lichter von dem vorbeifahrenden Schiff sind zu sehen. Ich lehne mich immer näher an David, immer kleine Schritte, sodass er es gar nicht mitbekommt. Das fühlt sich richtig schön an.

Obwohl es nicht nötig wäre, begleiten mich die Beiden sogar noch bis vor die Haustür. Bei der Umarmung zum Abschied fühlt es sich mit David schon gar nicht mehr komisch an. Ganz im Gegenteil. Penelope steckt mir zum Abschied schnell etwas in die Tasche und flüstert: „Schau erst oben nach. Sag ihm nix davon." Dann löst sie sich wieder von mir und grinst frech. Ich schaue sie nur kurz verwirrt an, lächle dann aber gleich wieder und winke ihnen zum Abschied. Nina wartet oben schon auf mich. Sie ist extra aufgeblieben, um meinen Bericht zu hören. „Moment", sage ich, bevor ich anfange und krame in meiner Tasche herum. Ich ziehe einen Zettel heraus, der aussieht, als sei er bereits einmal zusammengeknüllt worden.

Als ich dich sah;
da war alles wunderbar.
Dein Haar so golden so glänzend;
auf deiner Schulter liegend;
schon an himmlisch grenzend;
Im leichten Durchzug wiegend.
Deine Augen so blau wie das Meer;
ich verlor mich darin jedes Mal mehr.
Deine Haut so weich so zart;
dein Aussehen und Charakter so selten;
so selten wie Astat.
Wie ein Juwel, das man findet;
in einer von sieben Welten;
deine Zuneigung, die meine Angst bindet.
Ich muss immer an dich denken;
kann meine Gedanken nicht mehr lenken.
So ein Mädchen wie dich;
gibt es angeblich nich'.
Das dachte ich bis gestern auch;
doch dann bist du aufgetaucht;
wie ein Engel bist du gekommen;
hast mein Herz übernommen.
Ich wünschte wir hätten
mehr Zeit zusammen gehabt;
ich würde darauf wetten
gern hätt' ich dich bei der Hand geschnappt.
Du bist das Mädchen meiner Träume;

das Bild von dir schafft sich Räume.
Noch nie hatte ich dieses Gefühl.

Nina und ich starren beide verblüfft auf die Zeilen. Ein Gedicht. Nicht das beste Gedicht, aber eines über mich. Hat das David geschrieben? Er muss es geschrieben haben. „Was hast du mit ihm angestellt?", fragt Nina jetzt und kichert. Sie kann ihre Neugierde nicht mehr bändigen, also erzähle ich ihr jede Kleinigkeit.

Von unserer Umarmung zur Begrüßung und zum Abschied, vom Essen, vom Strand und von allem, was ich ständig dabei gefühlt, gedacht und gehofft habe. „Jetzt reist er morgen schon wieder ab.", kommt mir über die Lippen. „Ich muss ihn unbedingt nochmal sehen!" Am nächsten Morgen schreibt David mir beinahe wie beiläufig, dass sie noch auf dem Katalonien Platz Souvenirs kaufen gehen, bevor ihr Flug geht.

Das muss doch bedeuten, dass ich ihn dort suchen muss. Auch wenn es vielleicht nicht seine Absicht hinter der Nachricht ist, jetzt oder nie! Ich packe Nina am Arm und zerre sie mit nach draußen. Da muss sie jetzt durch.

Der Platz ist groß und es gibt viele Stände, aber es dauert nicht lange, bis ich David gefunden habe.

Gerade noch rechtzeitig, denn sie wollen gleich los zum Flughafen. Aber ich kann ihn nicht einfach so gehen lassen, will noch Zeit mit ihm verbringen. Also beschließe ich, dass wir sie begleiten. In der U-Bahn lehne ich mich wieder ganz nah an David und auch Nina und Penelope scheint es ganz gut zu gefallen, beieinander zu sitzen und sich zu unterhalten. Ich genieße die letzten Sekunden und Minuten mit David, auch wenn wir so gut wie nichts reden. Beim Abschied kann ich nicht an mich halten. Ich gebe David einen leichten Kuss auf die Wange, flüstere ihm ein „Danke" ins Ohr, drehe mich um und zwinge mich dazu, mich nicht wieder zurückzudrehen. Ich winke beim Weggehen, ohne mich umzublicken.

Erst als wir vor dem Flughafen stehen, bemerke ich, dass ich Nina anscheinend an die Hand genommen und hinter mir hergezogen habe. Ich bin so damit beschäftigt gewesen, aus der Situation zu fliehen, dass ich das überhaupt nicht gemerkt habe. Eigentlich müssen wir lernen. In den nächsten Wochen stehen die letzten Prüfungen in Spanien an, aber ich kann mich einfach nicht konzentrieren. Ich muss die ganze Zeit an David denken und daran, was passiert wäre, wenn ich mit nach Deutschland gegangen oder er noch ein paar Tage länger hier geblieben wäre.

Das sind aber alles nur Wunschgedanken. Er ist weg. Ich versuche, ihn aus meinen Gedanken zu verbannen. Schon eine Woche vor mir reist Nina ab, sie will ihre Klassenfahrt nämlich unter keinen Umständen verpassen.

Als sie mich allein lässt, übermannen mich all die Gedanken, die ich, während Lernen oder Gesprächen mit ihr ausblenden konnte. Es ist alles so still. So leer. So einsam. Das wird eine harte Woche. Auch wenn Nina mir immer wieder Bilder von der Klassenfahrt schickt – ich hoffe immer, auf einem David zu erkennen – und ich täglich überprüfe, ob David irgendwelche Neuigkeiten online stellt.

Er denkt bestimmt nicht mehr an mich. Selbst wenn, würde ich ihn sicher nicht mehr wiedersehen. Trotzdem oder gerade wegen diesen ganzen Überlegungen, lese ich mir immer wieder sein Gedicht durch.

Kapitel 34

Es ist kurz vor den Sommerferien und nach der Klassenfahrt sinkt in der gesamten Klasse die Motivation, am Unterricht teilzunehmen. Auch, weil die Noten sowieso schon alle gemacht sind. Das merkt auch unser Klassenlehrer und schlägt schließlich vor, dass wir – wenn wir wieder etwas fleißiger mitmachen – eine Abschlussfeier veranstalten dürfen. Auch deshalb, weil wir als Klasse nächstes Jahr nicht mehr zusammen sein werden, sondern nach Kursen aufgeteilt werden. Immerhin ist der Winterball wegen Nadjas Unfall ausgefallen. Also ist klar, dass wir dem Angebot zustimmen. Auch wenn die meiste Unterrichtszeit für die Planungen draufgeht, versucht die ganze Klasse, sich anzustrengen. Aber es muss viel organisiert werden. Einkaufslisten, Gestaltungsideen, Musikvorschläge. Weil es nur zwei Wochen vor den Ferien soweit sein soll, ist der Zeitdruck groß.

Auch privat ist ziemlich viel los. Penelope kommt langsam über den inzwischen verurteilten Leon hinweg und geht endlich zu einem Therapeuten wegen ihrer Depressionen.

Weil ich den Tennisverein gewechselt habe, spiele ich wieder regelmäßig, auch mit Penelope. Selbst Dimitri hat einmal gefragt, ob er nicht mal Tennis mit mir ausprobieren kann. Neben den Aufbauarbeiten in der Turnhalle – wir nutzen alles an Technik, was die Schule hergibt, jedes Licht, jede Leuchte, jede Musikbox – brauche ich auch unbedingt noch Klamotten. Gemeinsam mit Dimitri fahre ich am Tag der Feier in die Innenstadt und lege mir einen dunkelblauen Anzug, mit schlichtem aufgenähtem Muster, zu. Dimitri dagegen geht komplett in schwarz. Mit dem Anzug fühle ich mich direkt wichtig, selbstbewusst.

Es sieht überhaupt nicht mehr aus wie eine Turnhalle, nur der Boden verrät, wofür der Raum eigentlich benutzt wird. Es hängen überall weiße Tücher und mit Helium gefüllte Luftballons. Es sieht fast schon aus wie auf einer Hochzeitsfeier. Obwohl die Feier nur für unsere Klasse gedacht ist, darf jeder den einen eigenen Partner mitnehmen. Ich weiß selbst nicht, was mich dazu gebracht hat. Ich muss völlig irre gewesen sein, absolut neben mir und überhaupt nicht ich selbst. Aber kaum haben wir beschlossen, dass jeder jemanden mitbringen darf, habe ich Fiona angeschrieben. Ich weiß zwar nicht genau, wo sie wohnt, habe aber irgendwie im Gefühl, dass sie gar nicht so weit von mir weg ist, wie ich denke. Sie wohnt auf jeden Fall in der Nähe von Frankfurt, so viel ist sicher – natürlich habe ich sie auf den Social-Media-Kanälen gesucht, um möglichst viel über sie herauszufinden.

Die Nachricht sollte möglichst lässig, unverfänglich klingen. „Meine Klasse macht heute eine Abschlussfeier. Wenn du Lust hast, komm doch einfach vorbei?" Wie idiotisch. Ich bin viel zu aufdringlich. Bestimmt findet sie das blöd, fragt sich, wieso ich ihr überhaupt schreibe. Sie antwortet auf jeden Fall nie darauf. Trotzdem schaue ich mich jetzt flüchtig nach ihr um, während ich am Mischpult stehe und die Musik abspiele. Auf einmal kommt Nick vorbei. Er hat ausnahmsweise kein Mädchen am Arm und ist auch anscheinend mit keinem gekommen. Ist er etwa allein hier? Was will er denn von mir? Mir mal wieder einen blöden Spruch entgegen schmettern? Doch meine Erwartungen werden nicht erfüllt. Er sagt nur leise zu mir: „Sorry, übrigens." Er sieht mich kurz an, dann auf seine Schuhe und schließlich dreht er sich um, als vergewissert er sich, ob jemand seine Unsicherheit bemerkt.

Ja, wirklich: Nick, *der* Nick, ist völlig eingeschüchtert, verunsichert. Das ist nicht zu übersehen. Das ist auch der Grund, wieso ich ihm seine Entschuldigung diesmal wirklich glaube. Es überrascht mich.

Irgendwie fühlt es aber sich gut an. Ich antworte mit zitternder Stimme: „Schon gut." Mehr kann ich nicht sagen, zu perplex bin ich von der Entschuldigung. Aus den Augenwinkeln sehe ich Nadja, die zu mir hinüber lächelt. Sie spürt vermutlich dasselbe wie ich: Langsam wird alles gut.

Ich beobachte, wie lauter glückliche Leute rein und raus gehen, tanzen, lachen. Ich spiele ein ruhigeres Lied, wozu sie mit ihren Partnern tanzen können. Die Menge, die eben noch in der Mitte getanzt hat, teilt sich. Jeder sucht nach einem Tanzpartner. Aus der Menge heraus schreitet Nina auf mich zu. „Willst du tanzen?" Sie haucht die Worte beinahe nur. Ich versuchte, so höflich wie es nur möglich abzulehnen.

Nicht nur, dass ich überhaupt nicht tanzen kann, sondern sie ist auch kein Ersatz für Fiona. Wenn ich mich schon auf die Tanzfläche wage und dort vermutlich zum Affen mache, dann wenigstens neben Fiona. Ich bin überrascht, dass Nina beim Weggehen sogar ein wenig traurig aussieht. Obwohl ich noch vor wenigen Wochen geglaubt habe, sie glücklich machen zu wollen, habe ich jetzt kein Bedürfnis dazu.

Nein, da ist nichts mehr an Gefühlen für sie. „Willst du wirklich nicht mit ihr tanzen?", höre ich die Stimme meines Spanischlehrers hinter mir und

304

drehe mich herum. Ich schüttle nur den Kopf. „Es ist doch schade, wenn sie jetzt alleine auf der Bank sitzen muss und niemand mit ihr tanzt", startet er einen neuen Anlauf. „Ich kann gar nicht tanzen", sage ich jetzt. Ich will darüber gar nicht diskutieren. Aber er lässt einfach nicht locker. „Das ist nicht so schwer, probiere es einfach, ansonsten schunkelt ihr zwei halt nur hin und her." Ich weiß nicht, woran es genau liegt. An dem Drängeln meines Lehrers, Ninas traurigem Blick oder der Tatsache, dass auf einmal mein Lieblingslied aus den Boxen läuft. Aber ich gehe zu Nina, stelle mich vor sie und frage: „Willst du tanzen?" Mit großen Augen starrt sie mir entgegen, erkenne ich da vielleicht auch ein spitzbübisches Grinsen? Ich halte ihr meine Hand hin. Ein Friedensangebot, nach allem, was passiert ist.

Nach allem, was wir das Jahr über durchgemacht und uns gegenseitig angetan haben. Sie legte ihre Hand sanft in meine und meint: „Wir können ja einfach nur Freunde sein." Ich nicke lächelnd. Ich will am Rand der Tanzfläche bleiben, aber Nina drückt mich in die Mitte des Raumes.

Sie boxt sich regelrecht durch. Gerade will ich fragen, was das soll – und dann sehe ich sie. Fiona. Mit einem Eisblauen, fast weißen Kleid und einem Zettel in der Hand. Ich erkenne die Schrift darauf. Es ist das Gedicht, welches ich für sie im Hotel geschrieben habe, nachdem ich sie das erste Mal gesehen hatte. Nina schiebt mich zu ihr, übergibt meine Hand in die von Fiona und ruft lachend: „Na los, jetzt tanz doch." Meine Gedanken fahren Achterbahn. Wo kommt Fiona jetzt auf einmal her? Ich schaue mich wild um, sehe die lachende Nina, die zu Penelope rüber tanzt, erkenne Dimitri, der mir aufmunternd zunickt, sogar Nadja, die verlegen lächelt und letztlich meinen Klassenlehrer, der mir den Daumen entgegen reckt. Ist das alles etwa geplant? Dass ich mich erst mit Nina versöhne und dann gerade zu meinem Lieblingslied Fiona auftaucht? Ich sehe zu Fiona, in ihre wundervollen Augen und ihr sanftes Lächeln und wir tanzen. In der Mitte des Saales, alles dreht und dreht sich um uns. Wir sind der Kern, das Zentrum und alles dreht sich wie Elektronen um uns herum.